DEVAGAR E SIMPLES

A marca FSC® é a garantia de que a madeira utilizada na fabricação do papel deste livro provém de florestas que foram gerenciadas de maneira ambientalmente correta, socialmente justa e economicamente viável, além de outras fontes de origem controlada.

ANDRÉ LARA RESENDE

Devagar e simples
Economia, Estado e vida contemporânea

1ª reimpressão

Copyright © 2015 by André Pinheiro de Lara Resende

Grafia atualizada segundo o Acordo Ortográfico da Língua Portuguesa de 1990, que entrou em vigor no Brasil em 2009.

Capa
Rodrigo Maroja

Preparação
Leny Cordeiro

Índice remissivo
Luciano Marchiori

Revisão
Ana Maria Barbosa
Carmen T. S. Costa

Dados Internacionais de Catalogação na Publicação (CIP)
(Câmara Brasileira do Livro, SP, Brasil)

Resende, André Lara
  Devagar e simples: economia, Estado e vida contemporânea / André Lara Resende. — 1ª ed. — São Paulo: Companhia das Letras, 2015.

ISBN 978-85-359-2624-8

1. Economia 2. Economia – Aspectos sociais 3. Economia – Brasil – História 4. Inflação (Finanças) 5. Política econômica 6. Política monetária I. Título.

15-05765   CDD-330

Índice para catálogo sistemático:
1. Economia   330

[2016]
Todos os direitos desta edição reservados à
EDITORA SCHWARCZ S.A.
Rua Bandeira Paulista, 702, cj. 32
04532-002 — São Paulo — SP
Telefone: (11) 3707-3500
Fax: (11) 3707-3501
www.companhiadasletras.com.br
www.blogdacompanhia.com.br
facebook.com/companhiadasletras
instagram.com/companhiadasletras
twitter.com/cialetras

Sumário

Introdução 7

AS FORTUNAS DO CRESCIMENTO

Da escassez absoluta à relativa: riqueza, crescimento
e desigualdade 13
Devagar e sempre 37
Não há lugar para velhos remédios 44
O otimismo cético: quinze anos de século XXI 52

DAS INSATISFAÇÕES DIFUSAS

Sobre a relevância da racionalidade 65
Em busca do heroísmo genuíno 94
O Itaim sem carros 123
O mal-estar contemporâneo 127

PARA REPENSAR O ESTADO

Desenvolvimento como liberdade,
cidadania e espírito público 141

Vida pública, capitalismo de massa
e os desafios da modernidade... 152
O Estado e as manifestações juninas.. 175
A insustentável força do simples... 183
Capitalismo de Estado patrimonialista.. 188

Referências bibliográficas... 197
Índice remissivo.. 201

Introdução

Os textos aqui reunidos foram escritos ao longo dos últimos quinze anos. Os mais antigos, durante o ano acadêmico de 2002-3, quando estive no Centro de Estudos Brasileiros, na Universidade de Oxford. Eles deveriam, inicialmente, compor um livro sobre a desvalorização da política e da vida pública no mundo contemporâneo. Convencido de que a deturpação da política, nas democracias de massa e mídia, estava no cerne da dificuldade para superar o subdesenvolvimento, fiquei fascinado com a análise de Hannah Arendt sobre as contradições da modernidade. *A condição humana*, seu livro de 1958, não é de leitura fácil. Apesar de menos acessível do que seus ensaios mais conhecidos, pareceu-me uma reflexão magistral sobre os caminhos da cultura política ocidental, desde os clássicos até a modernidade.

Nunca fiquei satisfeito com o texto. Ao terminar uma primeira versão, tive a impressão de que havia ali uma idealização da política no mundo clássico, de um elitismo incompatível com a democracia contemporânea. Mas continuei a acreditar na desvalorização da política como um problema grave. Os dois primeiros artigos da última seção — "Desenvolvimento como liberdade, cidadania e espírito público" e "Vida pública, capitalismo de massa e os desafios da modernidade" —, escritos a partir do material do livro abandonado, foram apresentados num seminário em 2004. O artigo que fecha a primeira seção — "O otimismo cético: quinze anos de século XXI" — é o mais recente. Retoma a questão da necessidade de repensar o Estado e revalorizar a vida pública. Fica claro que o tema foi uma preocupação recorrente nesses últimos quinze anos.

O crescimento econômico como imperativo, especialmente como condição necessária e suficiente para o bem-estar e o desenvolvimento, é outro tema que me parece exigir uma reflexão crítica. A política econômica continua pautada por uma obsessão pelo crescimento material. É avaliada por uma métrica anacrônica, diante da crescente desmaterialização da economia, que induz à criação de estímulos artificiais, cada vez mais agressivos, à demanda. O resultado é o endividamento, público e privado, excessivo e o risco de provocar crises financeiras recorrentes. Os limites físicos do planeta e os riscos ecológicos continuam a ser ignorados, ou relegados a notas de rodapé, tanto pela teoria quanto pela política econômica. Esse é o tema dos artigos da primeira seção.

"Sobre a relevância da racionalidade", artigo que abre a segunda seção, procura entender por que temos tanta dificuldade para tomar medidas concretas, mesmo diante da evidência lógica da possibilidade de um desastre ambiental. Apesar de sermos conscientemente racionais, somos mais irracionais do que imaginamos.

O artigo seguinte, "Em busca do heroísmo genuíno", é diferente. Nunca publicado, é um texto pessoal, que procura sintetizar ideias dos muitos autores que li, ao longo de muitas décadas, sobre os valores e os objetivos na vida.

Todos os artigos foram escritos sem intenção prévia de serem reunidos num único volume. Por isso, correm o risco de parecer, ao mesmo tempo, contraditórios e repetitivos. Entre os dois pecados, considero o das repetições mais grave, mas é provável que sejam mais frequentes. Somos mais obsessivos do que nos parece.

AS FORTUNAS DO CRESCIMENTO

Da escassez absoluta à relativa: riqueza, crescimento e desigualdade*

1. CRESCIMENTO: UM FENÔMENO RECENTE

Até o início do século XVIII, praticamente não houve crescimento. A renda parece ter ficado estagnada por mais de dezessete séculos, muito provavelmente desde o início dos tempos. A partir daí, houve algum crescimento, tanto demográfico quanto da renda, ainda que modesto. Estima-se que a população mundial tenha passado a crescer a taxas em torno de 0,4% ao ano e a renda, um pouco mais, o que teria levado a um ligeiro crescimento da renda per capita. Só no século XIX, a partir da Revolução Industrial, observa-se realmente crescimento. O crescimento demográfico sobe para 0,6% ao ano e a economia passa a crescer a taxas de 1,5% no mesmo período, com a renda per capita crescendo quase 1%.

No século XX, o fenômeno do crescimento toma corpo. Observam-se taxas de 1,4% e 3% ao ano, respectivamente para o crescimento da população e da renda mundial, com a renda per

---

* Publicado na revista *Política Externa*, v. 23, n. 2, out./dez. 2014.

capita tendo crescido a uma taxa de 1,6% ao ano no período entre 1913 e 2012. Nas três décadas que se seguiram ao fim da Segunda Guerra Mundial, o crescimento, tanto demográfico como da renda, chegou ao apogeu. Os países desenvolvidos, a Europa e os Estados Unidos, alcançam taxas de crescimento entre 3% e 4% ao ano. O crescimento transformou o mundo. A população mundial passou de menos de 500 milhões para mais de 7 bilhões de pessoas num espaço de três séculos. Ainda assim, a taxa de crescimento demográfico foi inferior a 1% ao ano — em torno de 0,8% — desde o início do século XVIII até hoje.

Neste início de século XXI, taxas de crescimento econômico inferiores a 2% ao ano são consideradas inaceitavelmente baixas. É uma questão de perspectiva. Um por cento por um ano pode parecer pouco, mas, se mantido por um longo tempo, é muito. Temos a tendência a subestimar a força de todo processo de crescimento exponencial, das taxas cumulativas compostas, durante um longo período. Taxas muito menores do que imaginamos não podem ser mantidas por um longo período sem criar um processo explosivo e, portanto, insustentável. Uma taxa de 6% ao ano, considerada hoje apenas aceitável para os países em desenvolvimento, mantida por um século, multiplicaria a renda nacional por 340 vezes. O crescimento de 1% ao ano, se mantido por trinta anos, o espaço de uma geração, mais do que dobra a renda dos filhos em relação à dos pais. No século XX, o crescimento da renda per capita dos Estados Unidos — o país que mais cresceu, no século de maior crescimento de todos os tempos — foi de apenas 1,9% ao ano.

A taxa relativamente modesta de crescimento demográfico mundial, de 0,8% ao ano nos últimos três séculos, é suficiente para mais do que dobrar o número de pessoas sobre a Terra a cada cem anos e de multiplicá-lo por dez a cada trezentos anos. O crescimento demográfico mundial dos últimos três séculos já deu início a uma reversão. A população mundial cresce hoje a taxas muito inferiores, com sinais de que deve voltar a se estabilizar, ou até mesmo decrescer, a partir de algum momento da segunda metade do século xxi. As taxas de crescimento demográfico terão então completado um ciclo de aceleração e desaceleração que levou a população mundial a saltar de menos de 600 milhões para mais de 7 bilhões de pessoas em menos de quatro séculos.

Sem crescimento demográfico, o que esperar do crescimento da renda? Como parte do crescimento da renda é derivado do componente demográfico, seria natural que, uma vez a população estabilizada, o crescimento da renda ficasse limitado às taxas observadas para a renda per capita. A renda passaria então a crescer a uma taxa mais próxima de 2% que dos 4% ao ano, observados no apogeu do século xx. O crescimento da renda per capita dos países avançados já foi bem menor nas duas últimas décadas. A Europa cresceu 1,6%, os Estados Unidos, 1,4%, e o Japão, apenas 0,7% ao ano, de 1990 até hoje. Os fatos confirmam a lógica. Daqui para a frente, ao menos nos países avançados, é ilusório contar com taxas de crescimento de 3% ou 4% ao ano. Uma vez interrompido o crescimento demográfico e atingida a fronteira tecnológica, será preciso contar com o avanço da tecnologia para garantir o crescimento da produção e da renda.

2. O MODELO DE REFERÊNCIA MOVIDO A PROGRESSO TECNOLÓGICO

Esta é a lição do modelo de referência do crescimento, conhecido como o modelo de Solow-Swan, em homenagem aos seus autores: até que se tenha acumulado capital suficiente, que se tenha atingido a fronteira tecnológica, o crescimento depende da taxa de poupança e de investimento. Quanto mais se poupa e se investe, mais se cresce, mas uma vez atingida a relação capital/produto de equilíbrio de longo prazo, o crescimento se torna independente da taxa de poupança e de investimento. Passa a depender apenas do progresso tecnológico. No modelo original, o crescimento atribuído ao progresso tecnológico é estimado por resíduo, pela parcela do crescimento que não advém nem do capital, nem do trabalho. Os estudos posteriores, que desenvolveram o modelo original, procuraram encontrar os fatores explicativos do progresso tecnológico. A maioria deles o associa primordialmente à educação — que aumentaria o que se convencionou chamar de capital humano — e à pesquisa, que aceleraria a descoberta de novas tecnologias. O debate sobre o futuro do crescimento econômico, uma vez atingida a fronteira tecnológica e estabilizada a população, gira em torno do ritmo do progresso tecnológico. A questão passaria assim da — nada trivial — tentativa de promover o crescimento, para a — ainda mais complexa — tentativa de acelerar o ritmo do progresso tecnológico.

Em trabalho recente, "Is US Economic Growth Over?", Robert G. Gordon sustenta que o crescimento econômico como o conhecemos foi um fenômeno do século XX. Só foi possível devido à Revolução Industrial do século XIX, quando o progresso tecnológico deu um salto excepcional. A máquina a vapor, a eletricidade, a água encanada e o motor à combustão, entre muitos outros produtos da Revolução Industrial, permitiram uma profunda mudança na forma de viver, na maneira de produzir e de consumir. Ao mesmo tempo estimularam a oferta e a demanda. É possível que o progresso tecnológico mais recente, o ocorrido a partir do último quarto do século XX, com a revolução da informática, embora igualmente impressionante, não tenha a mesma capacidade transformadora, não seja capaz de aumentar a produtividade e de estimular a demanda da mesma forma que as inovações da Revolução Industrial. Os computadores e a internet deixam claro que a inventividade humana não dá sinais de arrefecer, mas os efeitos transformadores dessa inventividade sobre a produção, o consumo e a renda parecem não escapar à lei dos rendimentos decrescentes. A máquina a vapor, a eletricidade e a água encanada podem ser menos sofisticados, mas foram certamente mais transformadores da maneira de viver do que os maravilhosos gadgets da informática.

A tentativa de prever o futuro é exercício, se não necessariamente supérfluo, seguramente ingrato, mas não é preciso compartilhar do ceticismo tecnológico de Gordon para concluir que o crescimento, como o conhecemos no século xx, não deverá continuar até o fim deste século xxi; basta a lógica das taxas compostas. Assim como a população mundial deverá se estabilizar em algumas décadas, também o crescimento da renda e do consumo dá sinais de desaceleração. Embora a qualidade de vida possa continuar a melhorar, a renda como a medimos, associada primordialmente à produção de bens, não poderá continuar a crescer para sempre.

3. MISSÃO CUMPRIDA PARA PRODUTO INTERNO BRUTO

Se o crescimento é um fenômeno relativamente novo, o Produto Interno Bruto é ainda mais surpreendentemente recente. Os conceitos e as estatísticas das chamadas Contas Nacionais ainda não completaram um século, só foram criados no final dos anos 1930, mas estão por toda parte, dominam de tal forma o debate público que é difícil imaginar a economia e a própria política sem eles. A primeira publicação de um número de PIB foi em 1924, para a economia americana. Até então, media-se o tamanho de uma economia pelo tamanho da população.

Depois da Grande Depressão, no início dos anos 1930, o presidente Franklin Roosevelt, em busca de uma saída para a estagnação em que se encontrava o país, encarregou o bielorrusso naturalizado americano Simon Kuznets, posteriormente ganhador do prêmio Nobel, de construir indicadores mais confiáveis para acompanhar de perto o desempenho da economia. Entre 1931 e 1934, como diretor-pesquisador do recém-criado National Bureau of Economic Research — NBER —, Kuznets coordenou o desenvolvimento e a elaboração de um sistema estatístico de acompanhamento da produção e do consumo. O sistema ficou conhecido como o das Contas Nacionais, e o mais utilizado dos seus indicadores é o Produto Interno Bruto, o hoje ubíquo PIB.

O objetivo de Kuznets era construir um indicador do nível da atividade econômica, numa época em que a economia americana, assim como todas as outras, era essencialmente agrícola e, em maior ou menor grau, industrial. A agricultura ainda era relevante, mas a indústria tinha assumido o papel de locomotiva da economia. O desafio a que se propôs Kuznets foi criar um índice capaz de acompanhar de perto a evolução da economia de sua época. Para isso, deveria ser essencialmente uma medida da produção agrícola e industrial. O objetivo era construir uma medida de tudo que fosse produzido no país durante determinado período, daí o nome de Produto Interno. O termo "bruto" significa que é uma medida do que é produzido, sem considerar a depreciação do que foi utilizado no caminho.

Para somar tudo que fosse produzido, canhões com manteiga, alhos com bugalhos e assim por diante, a opção de Kuznets foi utilizar os valores de mercados. Pode-se adicionar também os valores dos serviços comercialmente prestados, um setor à época menos relevante, mas ainda assim não desprezível. A soma dos valores de tudo o que foi produzido num determinado período, inclusive serviços prestados, calculados a preços de mercado, é então chamado de Produto — ou renda — Interno Bruto. Ao utilizar preços de mercado, Kuznets, conscientemente, optou por desconsiderar tudo aquilo que não fossem transações comerciais. Desconsiderou, por exemplo, o trabalho doméstico e da criação dos filhos. Foram também desconsideradas atividades como a leitura, o estudo, o exercício físico, o lazer, a criação artística, a execução e o desfrutar da música, a não ser que fossem remunerados. À época, quando as economias da fronteira tecnológica, como a americana, eram essencialmente industriais e agrícolas, quando a produção industrial determinava o ritmo de toda a economia, a exclusão não parecia grave. O objetivo primordial era avaliar o nível da produção agrícola e industrial, e viria a reboque todo o resto.

Apesar da opção por considerar apenas as transações de mercado, ainda restavam dificuldades metodológicas reconhecidas. Se, por exemplo, uma dona de casa decidisse nada mais fazer e contratar alguém que não tivesse atividade remunerada para cuidar de sua casa e dos filhos, a renda nacional medida pelo PIB aumentaria, sem que nada tivesse efetivamente mudado. Levado ao paroxismo, se todas as donas de casa fossem contratadas para tomar conta das casas de suas vizinhas e usassem o que recebessem para pagar a vizinha contratada para tomar conta da sua própria casa, a renda nacional teria um aumento expressivo.

O conceito de PIB é uma abstração, uma construção artificial, que procura somar o valor de tudo o que é produzido e todo serviço prestado comercialmente no país. É um índice da atividade econômica interna num determinado período. Como todo índice, construído para representar a soma de coisas tão diversas, o conceito de Produto Interno não poderia deixar de ter ambiguidades metodológicas. Sua concepção e construção exige que se façam opções necessariamente irrealistas. Como indicador da atividade, primordialmente agrícola e industrial, numa economia avançada da primeira metade do século xx, o conceito desenvolvido por Simon Kuznets era adequado. Um indicador tão expressivo, tão bem-sucedido, que suas deficiências e ambiguidades parecem ter sido esquecidas. Citado em todas as esferas, transformado em símbolo de sucesso ou insucesso, utilizado para comparar países, representar sua relativa importância no mundo, motivo de orgulho ou de vergonha nacional, o pib transformou-se numa entidade ubíqua.

No mundo de hoje, neste início do século xxi, o conceito de Produto Interno Bruto já não parece ser tão adequado à realidade. Não faz sentido sobretudo no papel que lhe foi atribuído na segunda metade do século xx: o de aferidor de desempenho e da qualidade de vida.

Nas economias avançadas contemporâneas, a agricultura e a indústria perderam espaço para os serviços. O dinamismo da atividade econômica não está mais na produção, mas sim na concepção. Assim como o que ocorreu na agricultura durante o século passado, o aumento da produtividade industrial agora provoca a queda dos preços dos produtos industrializados, cuja participação na renda nacional tem caído rapidamente. Produzir bens é cada dia mais fácil e mais barato. Em contrapartida, sobem os preços e a importância dos serviços, sobretudo daqueles em que a tecnologia ainda não pode substituir o ser humano, como o de uma babá carinhosa, como o da concepção dos pratos de um bom restaurante, de uma série de televisão de qualidade, ou o do desenvolvimento da própria tecnologia.

Como o pib foi desenvolvido para medir primordialmente a atividade de produção de bens agrícolas e industriais, as enormes dificuldades de medir o setor de serviços ficaram num segundo plano. Supunha-se que os serviços deveriam acompanhar o ritmo das atividades produtivas. Quando os serviços tomam a liderança do dinamismo das economias avançadas, as deficiências metodológicas do conceito de Produto Interno já não podem ser desprezadas. Calcular o valor da renda de todos os bens produzidos não é tarefa fácil. Para evitar duplas contagens é preciso somar apenas os valores adicionados em todas as etapas da produção. O cálculo do valor dos serviços prestados é ainda mais difícil. O preço médio de um corte de cabelo pode ser conhecido, mas qual o valor do serviço prestado por um cirurgião num hospital público? E o do trabalho de pesquisa de um professor universitário? Como comparar os valores de serviços tão diferentes, daqueles que não são commodities, que não têm preços de mercado claramente estabelecidos? O serviço de um cirurgião mal treinado não é o mesmo que o de um grande especialista. Como avaliar as atividades de pesquisa, em campos tão diferentes, por pessoas de competências tão distintas? O conceito de Produto Interno se torna muito mais ambíguo, mais difícil de ser definido e estimado, quando não se trata de medir o valor dos bens produzidos, mas sim o dos serviços prestados numa sociedade sofisticada contemporânea. Simon Kuznets tinha plena consciência das dificuldades metodológicas a serem enfrentadas na construção de um indicador da renda nacional, assim como das limitações decorrentes das simplificações assumidas.

O que deve ser incluído no PIB? Embora Kuznets pretendesse que só os "bens" devessem ser incluídos, também alguns "males", como as armas, foram desde o início incluídos, dada sua importância na produção industrial. Kuznets achava que a publicidade não deveria ser incluída, pois não a considerava nem um produto, nem um serviço. Por que não incluir a produção de drogas, que, tristemente, movimenta somas importantes em toda parte do mundo? O Reino Unido acaba de modificar o cálculo de seu PIB para incluir os serviços de prostituição, da chamada "indústria do sexo", o que fez sua renda aumentar em alguns pontos de percentagem.

O PIB é uma entidade abstrata, uma soma de valores definidos de forma arbitrária, originalmente com o objetivo de acompanhar a recuperação da atividade econômica, à época de criação do índice, essencialmente industrial. Como um mero indicador da produção, não tinha a pretensão de ser um indicador de bem-estar, pois não entra em juízo de valores, não leva em conta considerações morais. Soma "bens" com "males", não considera a depreciação do capital utilizado na produção, nem o uso de recursos não renováveis, assim como não considera a poluição produzida, ou qualquer outro aspecto negativo não precificável — as chamadas externalidades — do processo de produção. Ocorre que seu sucesso, sua capacidade de expressar a riqueza de um país de maneira simples, num único índice quantitativo, comparável tanto ao longo dos anos como internacionalmente, deu-lhe uma dimensão muito além da pretendida por seus idealizadores. O PIB é hoje um indicador de desempenho e de bem-estar. Quanto mais alto o PIB, mais avançado o país e — supõe-se — maior o bem-estar e a qualidade de vida. Sua taxa de crescimento é interpretada como indicador da velocidade do progresso do país em todos os aspectos da vida. Por isso o chamado crescimento econômico, medido pelo crescimento do PIB, tomou tal importância política.

Enquanto as economias dos países mais avançados, os da fronteira tecnológica, ainda estavam em processo de industrialização, a correlação entre PIB e bem-estar fazia sentido. Sabe-se hoje que essa correlação deixa de ser válida a partir de um nível de renda mais baixo do que se poderia imaginar. Outros fatores passam então a ser tão ou mais importantes do que o aumento da renda. A correlação entre renda e bem-estar é alta enquanto as necessidades básicas não estão atendidas, mas perde força à medida que a renda cresce e a escassez absoluta se reduz.

4. MENOS CRESCIMENTO, MAIS DESIGUALDADE

A questão central do estudo da economia sempre foi a gestão da escassez. Reduzir a escassez através do aumento da produção e da renda é o objetivo primordial da atividade econômica, pois a redução da escassez de bens essenciais sempre esteve inequivocamente associada ao aumento do bem-estar. Compreende-se assim que o crescimento da produção e da renda tenha sempre sido o objetivo primordial da economia.

O estudo dos determinantes do crescimento econômico tem longa tradição e inúmeras vertentes, mas o modelo de referência, ao qual mesmo para discordar é preciso fazer menção, é o já citado modelo de Solow-Swan, também conhecido como o modelo neoclássico de crescimento. Durante muitos anos relegado a segundo plano, diante da prevalência das questões relativas às flutuações macroeconômicas de curto prazo e, mais recentemente, da ênfase em questões microeconômicas, o modelo de Solow-Swan voltou ao debate político e acadêmico com a publicação do livro do economista francês Thomas Piketty, *O capital no século XXI*. Originalmente publicado em 2013, sua tradução para o inglês, no início de 2014, suscitou um debate intenso, que o levou à lista dos livros mais vendidos no mundo.

O texto não tem nada do estilo árido adotado pela grande maioria dos trabalhos acadêmicos. Ao contrário, é bem escrito, erudito, com referências literárias e sem fórmulas matemáticas mistificadoras. Ainda assim, um livro acadêmico, de quase seiscentas páginas, dificilmente se transforma num sucesso de vendas. A única explicação possível é que Piketty, ao argumentar que a economia capitalista contemporânea — ou de mercado, para usar um termo menos ideologicamente carregado — promove a concentração da renda e da riqueza, tenha tocado um nervo exposto.

Piketty parte de uma extensa pesquisa empírica. Em colaboração com outros economistas, entre eles Emmanuel Saez (Universidade de Berkeley) e Anthony Atkinson (Universidade de Oxford), por mais de uma década coletou e ordenou dados, que cobrem vários séculos até os dias de hoje, relativos aos Estados Unidos, ao Japão e a vários países da Europa. Concluiu que nas últimas décadas houve em todos eles concentração da renda e da riqueza nas mãos dos extremamente ricos — isto é, nas mãos dos que estão entre os 1% mais ricos, assim como nas dos 0,1% mais ricos e, sobretudo, nas dos 0,01% mais ricos. Mostrou que o fenômeno é uma tendência generalizada nas economias capitalistas e sustenta que, deixada seguir seu curso, ela nos levará de volta ao padrão de distribuição da riqueza e à estratificação social do século XIX. Nas últimas três ou quatro décadas, o processo de desconcentração da riqueza observado desde o início do século XX, sobretudo depois da guerra de 1914, foi interrompido. Para Piketty, sem políticas especificamente voltadas para reverter o processo de reconcentração da riqueza, o ideal democrático das sociedades modernas estará ameaçado. Corremos o risco de voltar a ser sociedades elitistas e plutocráticas da belle — só para os mais afortunados — época.

A força do trabalho de Piketty advém do fato de que, além de coletar e organizar a evidência empírica, ele ainda apresenta um arcabouço intelectual, simples e elegante, para explicá-la. Os fundamentos desse arcabouço intelectual remontam ao modelo neoclássico de crescimento. O ponto central do seu argumento é que se a taxa líquida de retorno do capital for superior à taxa de crescimento da economia, haverá um aumento da relação entre a riqueza — ou o capital — e a renda. Como a taxa de retorno líquido do capital é superior à taxa de crescimento de longo prazo da renda, as economias de mercado têm tendência a acumular riqueza, a ter uma relação entre o estoque de riqueza e a renda cada vez mais alta. Como a riqueza é concentrada, a renda do capital é mais concentrada do que a renda do trabalho, e o aumento da relação capital/renda, portanto, implica o aumento da desigualdade. Tendência que só é interrompida em períodos excepcionais, turbulentos, como durante as grandes guerras ou as grandes recessões.

Dito de outra forma, se a taxa de retorno líquida do capital, r, excede a taxa de crescimento, g, a relação entre o capital, K, e a renda, Y, ou seja, K/Y, irá aumentar ao longo do tempo. A relação entre capital e renda irá aumentar, a mesma renda será produzida com mais capital. Como o capital é muito mais concentrado do que o trabalho, quanto maior o estoque de capital em relação à renda, maior a concentração da renda e da riqueza.

Piketty usa os termos capital e riqueza como equivalentes. A teoria do crescimento adota uma definição mais restrita de capital — apenas bens que fazem parte do processo produtivo, o que exclui coisas como obras de arte, joias, propriedades residenciais, entre outras, que são certamente riqueza. Numa análise de longo prazo, a distinção não chega a ser relevante e pode ser desconsiderada.

Como o capital é um estoque e a renda, um fluxo, a relação K/Y tem a dimensão tempo, por exemplo determinado número de anos. Os dados mostram que na França e na Inglaterra, nos séculos XVIII e XIX, a relação K/Y era de aproximadamente sete anos, ou seja, a riqueza do país era equivalente a sete anos de renda. Com as duas Grandes Guerras e a Depressão dos anos 1930, essa relação caiu significativamente, tendo chegado a três anos na França e a 2,5 anos na Inglaterra. Nos Estados Unidos, a riqueza nunca foi superior a cinco anos de renda, valor que atingiu na primeira década do século XX. Logo depois da Segunda Guerra, o estoque de riqueza nos Estados Unidos se reduziu para o equivalente a quatro anos de renda. A partir de então, especialmente nas últimas três décadas do século XX, a relação entre riqueza e renda voltou a aumentar. Chegou a 4,5 anos de renda, numa trajetória que, se não for interrompida, a levará a seis anos de renda, o equivalente aos níveis do século XIX europeu, antes do final do século XXI. O mesmo processo se observa nos demais países desenvolvidos. Na França, em 2010, a riqueza voltou a ser equivalente a seis anos de renda, e na Inglaterra, chegou a cinco anos de renda.

5. A SUBSTITUIÇÃO DO TRABALHO PELO CAPITAL

O modelo neoclássico de crescimento, utilizado pelos economistas há mais de seis décadas, sustenta que se os fatores de produção, capital e trabalho têm rendimentos decrescentes — ou seja, a produtividade cai à medida que são usados mais intensamente —, existe uma relação K/Y de equilíbrio de longo prazo, ou de *steady-state*. A lógica do modelo leva a uma relação K/Y de equilíbrio que se perpetua. Essa relação de equilíbrio é dada pela relação entre a taxa de poupança, s, e a taxa de crescimento, g, ou seja: $K/Y = s/g$. Se, por exemplo, a economia cresce a 4% ao ano, poupa e investe liquidamente 15% da renda, ou seja, além do necessário para repor a depreciação do estoque de capital que não é inferior a 10% ao ano nas economias avançadas, a relação K/Y ficará estável se for igual a 15/4 = 3,75, nível próximo aos observados na Europa na metade do século XX.

Suponhamos, como faz Piketty, que o crescimento de 4% ao ano tenha sido um episódio extraordinário na história da humanidade. Especialmente na segunda metade do século passado, quando o crescimento demográfico atingiu seu auge, foi possível crescer a taxas que não poderão mais ser mantidas. Daqui para a frente, com o crescimento demográfico próximo de zero, ainda que não se subscreva o pessimismo tecnológico de Robert G. Gordon, a taxa de crescimento não deverá ser superior a 2% ao ano. Nesse caso, a relação K/Y de equilíbrio aumenta para 15/2, ou seja, o equivalente a sete anos de renda — perto do nível ao qual Piketty estima que deva chegar até o final deste século.

Piketty mostra que, ao longo da história, a taxa de retorno "pura" do capital, ou seja, a taxa depois de descontada a inflação, os impostos e todos os tipos de encargos, sempre esteve entre 4% e 5% ao ano. Segundo a teoria, os fatores de produção têm retornos decrescentes, logo a taxa de retorno do capital deveria cair à medida que se poupa, investe e o capital se torna mais abundante. Por várias razões, sobretudo devido ao progresso tecnológico incorporado ao capital, sua produtividade tem caído pouco. Piketty supõe que possa continuar a cair, mas menos do que proporcionalmente ao aumento do estoque de capital — em termos técnicos, que a elasticidade de substituição do trabalho pelo capital seja superior a 1. Quando se multiplica a taxa de retorno do capital, r, pela relação capital/produto, encontra-se a parcela da renda que vai para o capital, ou seja, $r.K/Y$. Se a taxa de retorno do capital vier a cair para, digamos, 4,5% ao ano, como admite Piketty, mas a relação K/Y subir para 7, a fração da renda destinada ao capital tem subida significativa. Mais precisamente, de acordo com os nossos números, de 5% $\times$ 3,75 = 18,75%, para 4,5% $\times$ 7 = 31,5% da renda.

O que acontece com a parcela do capital na renda quando aumenta a proporção do capital — ou seja, quando a produção fica mais intensiva no uso do capital — é uma questão muito estudada e debatida, mas sobre a qual ainda não se chegou a conclusões claras. O fato é que nas últimas décadas, para a economia americana — o paradigma da fronteira tecnológica —, a elasticidade de substituição entre os fatores capital e trabalho tem sido mais alta do que se poderia esperar. A parcela da renda apropriada pelo capital tem crescido em relação à parcela do trabalho. O ponto fundamental da contribuição de Piketty para o tema, tão antigo como importante, é que enquanto a taxa de retorno do capital for superior à taxa de crescimento, a parcela do capital na renda irá aumentar.

A desigualdade da distribuição da renda entre os fatores, entre o capital e o trabalho, pode não ser tão relevante como a da distribuição da renda pessoal, mas se o retorno do capital for mais alto que o crescimento da economia, a renda dos que têm capital aumentará mais que a renda dos que vivem do trabalho. Como o capital é mais concentrado que o trabalho, o aumento da parcela da renda atribuída ao capital implica, necessariamente, o aumento da concentração da renda pessoal.

O segundo ponto para o qual Piketty chama a atenção — ainda mais importante que o primeiro para a sociedade que se delineia — é que, numa economia sem crescimento, o capital, ou a riqueza acumulada no passado, é o principal determinante da renda no presente. Sem crescimento, assim como o que ocorria até a segunda década do século xx, os que na largada têm capital se apropriam de quase toda a renda, tornando extremamente improvável que se possa acumular capital a partir da renda apenas do trabalho. Impossibilidade que o sombrio realismo do personagem Vautrin, de Honoré de Balzac em *O pai Goriot* — a quem Piketty recorre para ilustrar o ponto —, cruelmente demonstra para o jovem, nobre e sem fortuna, Eugène de Rastignac. À época, era impossível imaginar que o sucesso financeiro e social pudesse advir dos estudos, do talento e do esforço. Nem a mais brilhante carreira poderia competir com a opção de um bom casamento. Para se tornar rico, não havia caminho alternativo: só o casamento com uma herdeira. Uma sociedade desigual, mas na qual há grande mobilidade econômica e social, pode ser tolerável. Já uma sociedade desigual, em que não há risco de perder a fortuna herdada, nem esperança de enriquecer, é seguramente incompatível com a democracia.

6. VELHAS E NOVAS FORTUNAS

A tese de Piketty é incontestável: a concentração da riqueza no mundo se reduziu no meio do século XX, mas voltou a aumentar nas últimas três décadas. Podem-se discutir suas opções para a homogeneização e a comparação dos dados entre países diferentes e épocas distintas, mas seu meticuloso trabalho de compilação e de divulgação dos dados apenas confirma o que é visível a olho nu. O apelo de seu argumento, como quase sempre ocorre, não advém da qualidade da evidência empírica apresentada, mas sobretudo do fato de que, para explicá-la, Piketty utiliza um modelo simples, elegante e de longa tradição acadêmica. Como ele próprio afirma, "os economistas gostam de histórias simples, mesmo quando são apenas aproximadamente corretas".

Piketty não é nenhum radical; ao contrário, faz questão de dizer-se de uma geração vacinada contra "uma retórica anticapitalista convencional e preguiçosa". Explicita suas dúvidas em relação a todo determinismo econômico, às tendências inabaláveis, sejam elas apocalípticas ou de que tudo acabará no melhor dos mundos. Marx se equivocou ao prever que o capitalismo seria derrotado pelas suas inexoráveis contradições internas, e Simon Kuznets errou ao prever que a distribuição de renda e riqueza no mundo caminhava para uma melhora contínua e irreversível. Apesar da reconhecida dificuldade de fazer previsões, continuamos a fazê-las, porque, sejam ou não confirmadas, as previsões contribuem para nossa interpretação do presente, o que inexoravelmente afeta o futuro.

Nem toda a recente concentração de riqueza pode ser explicada pelo argumento de que a taxa de retorno do capital é superior à taxa de crescimento da economia. Piketty dedica muitas páginas a tentar compreender as razões — ou as racionalizações — para os supersalários de executivos. Várias outras explicações para a nova concentração de renda e riqueza poderiam ser enumeradas, como a competição com o trabalho em países mais pobres num mundo globalizado; o enfraquecimento dos sindicatos e das negociações coletivas; as mudanças tecnológicas que polarizam o mercado de trabalho entre os muito qualificados e os sem qualificações, eliminando as oportunidades para quem está entre os extremos. Há explicações para todos os gostos, mas nenhuma tem a força e a abrangência da tese de Piketty: se o retorno do capital é superior à taxa de crescimento econômico, a renda se concentra. Não há como escapar à lógica do argumento, mas a conclusão mais perturbadora da tese de Piketty é também a mais questionável: a de que, além da concentração da renda, se o retorno do capital é superior à taxa de crescimento, desaparece a possibilidade de novas fortunas. Estaríamos assim fadados a voltar às sociedades estáticas e estratificadas, baseadas na herança e incompatíveis com a democracia.

Na democracia contemporânea, a desigualdade precisa ser vista como resultado da meritocracia, sem a qual a economia perderia dinamismo e todos seriam prejudicados. A desigualdade pode conviver com a democracia quando percebida como fruto do mérito e do trabalho, mas não como fruto do privilégio e do parentesco. Para serem democraticamente toleradas, as desigualdades precisam ser interpretadas como funcionais, não de todo injustas. É preciso ainda acreditar que todos melhoram, talvez em ritmos diferentes, mas que o futuro projeta melhor qualidade de vida para todos.

Se a taxa de retorno do capital é superior à taxa de crescimento econômico, a renda irá sem dúvida se concentrar, mas para que essa concentração se dê exclusivamente na mão dos que já têm capital, é preciso que, além de superior à taxa de crescimento, seu retorno seja também estável. Esta era com efeito a condição do retorno do capital até o século XIX, essencialmente investido em imóveis e títulos públicos, cujas taxas de retorno eram similares e extremamente estáveis, próximas de 5% ao ano, como mostram os dados e as referências da literatura enumeradas por Piketty. No mundo contemporâneo, o retorno do capital pode não ter tido uma queda substancial, mas se tornou muito mais volátil. A taxa média continua alta, mas há muito mais dispersão em torno da média. Os riscos e as oportunidades do capitalismo contemporâneo permitem tanto destruir uma grande fortuna como fazer uma grande fortuna a partir de quase nada.

Até o século XIX, o mundo era dos *rentiers*. Já o capitalismo financeiro contemporâneo — como sustenta há tempos um sofisticado economista amigo meu — é feito para transferir o dinheiro dos *rentiers* para os empreendedores. Se esses empreendedores são de fato criadores de riquezas, ou apenas agentes da transferência de riqueza, dos velhos ricos para os novos-ricos, é outra questão. De toda forma, no mundo onde a taxa de retorno do capital é superior à taxa de crescimento, a possibilidade de se fazer fortuna — ainda que só à custa das velhas fortunas — contribui para que a desigualdade seja mais tolerável.

7. O ESTADO AGENTE DE INTERESSES PRÓPRIOS

A proposta de Piketty para reverter a nova tendência de concentração mundial da renda é pouco imaginativa: mais tributos. Propõe que a taxa marginal de imposto sobre a renda seja elevada para níveis de até 80% e que, simultaneamente, seja criado um tributo mundial sobre a riqueza. Nesse ponto, não foge à regra: cede à tentação acadêmica de propor uma solução conceitual, a ser implementada por um agente racional e isento. Esquece que o Estado da realidade atual nada tem de isento e racional, mas, ao contrário, tem interesses próprios, patrimonialistas, que desvirtuam e inviabilizam as propostas que dependam de sua intervenção. Ele próprio reconhece a baixíssima probabilidade de que alguma coisa na linha do que propõe venha a ser implementada. Num mundo interligado pela globalização, impostos sobre a renda e a riqueza, significativamente mais altos do que a média mundial, levam à fuga de capitais em busca de condições mais favoráveis.

Piketty afirma que, embora não exista um limite teórico para a proporção da renda intermediada pelo Estado, o limite do tolerável, na prática, parece já ter sido atingido. A grande expansão do Estado, quando a carga tributária nos países mais avançados saltou de menos de 10% para mais de 40% da renda nacional, já ocorreu no século xx, no período das cinco décadas que se seguiram à Depressão dos anos 1930. Hoje, um segundo salto é bastante improvável. Nos países mais avançados, o Estado já atingiu o tamanho máximo compatível com a atual capacidade de sua gestão. É uma forma de reconhecer que os impostos não são a solução. Alternativa mais fecunda seria voltar a examinar a viabilidade de reduzir a concentração e de democratizar a propriedade do capital. Não é claro que a governança de grandes corporações com o capital democraticamente pulverizado seja menos problemática que a das empresas estatais, mas o tema merece atenção.

Termina-se a leitura do livro de Piketty com a inevitável impressão de que, sob um olhar distante, de mais longo prazo, o século xx, com todas as suas crises e tragédias, pode ter sido uma feliz exceção na história da humanidade. O crescimento tirou grande parte da população mundial da miséria em que sempre esteve e, com a ajuda das guerras e das crises, reduziu a distância entre o povo e os donos do poder e da riqueza. Ao contrário do que sustentava Marx, o capitalismo não levou à concentração de riqueza que terminaria por destruí-lo, mas sim a um crescimento acelerado da produção, à redução da escassez, à desconcentração da riqueza e à criação de oportunidades, sem o que a democracia não teria sido possível.

Em *The Spirit Level*, publicado em 2010, os infectologistas ingleses Wilkinson e Pickett sustentam, com base em dados tanto internacionais quanto para os estados americanos, que todos os indicadores de saúde física e emocional, assim como a expectativa de vida, a avaliação subjetiva de bem-estar, os menores índices de criminalidade, de delinquência juvenil, entre muitos outros, estão negativamente correlacionados com a desigualdade da renda e da riqueza. A desigualdade, ainda que com todos acima da linha de pobreza, é detratora do bem-estar, da saúde e da qualidade de vida. Uma conclusão que não chega a ser nova: sempre se soube que a desigualdade excessiva é corrosiva, reduz a coesão social e inviabiliza a democracia. O tema andava relativamente esquecido depois do fracasso das experiências socialistas e com o otimismo provocado pelo rápido crescimento econômico mundial. A crise financeira de 2008 e a nova concentração da renda e da riqueza nos países avançados mudou o quadro.

8. A TECNOLOGIA PARA O BEM E PARA O MAL

Há sinais claros de que o crescimento econômico não será mais o mesmo daqui para a frente. Bastaria o componente demográfico para inviabilizar a manutenção das taxas de crescimento observadas no século passado. Menos crescimento populacional significa menor crescimento econômico. Duas dimensões adicionais devem ser levadas em consideração. A primeira é a dos limites físicos do planeta. Para continuar a crescer, será preciso mudar a composição do que se produz, para menos bens materiais e mais serviços, saúde, educação e entretenimento. A segunda é a da saturação decorrente do aumento da produtividade na fabricação de bens materiais.

No século passado, a proporção dos empregados na agricultura caiu radicalmente: nos Estados Unidos, por exemplo, de mais de um terço para menos de 2% da população. O ganho de produtividade na agricultura reduziu a oferta de empregos no campo e provocou um movimento de urbanização acelerada. Grandes contingentes de trabalhadores foram absorvidos pelas cidades, onde estavam os novos empregos, na indústria e nos serviços. O mesmo processo, observado na agricultura durante o século XX, está agora em curso na indústria. A revolução da informática tem reduzido o emprego industrial em toda parte. A perda de empregos industriais tem sido recorrentemente interpretada sob um viés nacionalista autárquico, como fruto da globalização e da concorrência internacional, mas é um processo inevitável, associado ao avanço tecnológico. Até mesmo na China, o país campeão da competitividade internacional, o emprego industrial tem caído nas últimas três décadas. Novas tecnologias, o uso da informática e da robótica, aumentam a produtividade e reduzem o emprego na indústria.

No século passado, as tensões criadas pelo rápido processo de mecanização da agricultura foram amenizadas pelo crescimento industrial. Hoje, não há nenhum setor em crescimento acelerado capaz de compensar a redução do emprego industrial. Também no comércio está em curso uma verdadeira revolução, provocada pela informática e pela internet. Seu impacto sobre a criação de empregos pode ser tão ou mais dramático que na indústria. Mesmo o setor de serviços, em tese o único passível de crescer e absorver mão de obra, não está ao abrigo da revolução tecnológica. O impacto da internet na mídia, na música, no cinema, assim como no setor editorial, já é dramático. Em breve, a educação e os transportes serão igualmente transformados. A tecnologia contemporânea é desorganizadora porque torna abundante, disponível a preço quase nulo, a comunicação, a música, o entretenimento e até mesmo a educação. O resultado sobre o Produto Interno e o crescimento da renda, convencionalmente medidos, é negativo, mas com certeza não sobre a qualidade de vida.

9. O DESAFIO DA ESCASSEZ RELATIVA

A escassez sempre foi a questão central da economia. Como maximizar a oferta de bens com a utilização de fatores escassos para suprir necessidades e desejos muito superiores à capacidade de produção? A Revolução Industrial, ao transformar tanto a forma de produzir como a forma de viver e de consumir, significou um salto extraordinário. Teve repercussões igualmente revolucionárias na produção e no consumo. A economia capitalista do século XX sempre foi propensa às crises de desequilíbrio, associadas à insuficiência da demanda, mas o remédio keynesiano, desenvolvido depois da Depressão dos anos 1930, foi suficiente para garantir o crescimento sustentado até o início deste século XXI. O Estado como investidor, consumidor, assistencialista, transferidor de renda e emprestador de última instância esteve sempre a postos para intervir, tanto diante da insuficiência da demanda quanto dos excessos de passivos depois da euforia. O preço desse papel estabilizador foi o crescimento secular de sua participação na economia e da dívida pública.

Parecemos ter chegado a um ponto de inflexão. O desafio econômico clássico, o de produzir o máximo com o mínimo de recursos e, acessoriamente, garantir que todos tenham acesso à sua justa fatia do produzido, parece ter tomado novos contornos. Produzir o necessário está a caminho de deixar de ser um problema, mas a questão subsidiária, a de garantir que todos tenham acesso ao produzido, se tornou a questão central do mundo contemporâneo. Não há razão para crer que seus desafios sejam menos complexos que o da escassez absoluta. Num certo sentido, antes estávamos todos no mesmo barco; agora, com abundância e menos perspectiva de melhora, a desigualdade fica menos tolerável. Compreende-se o impacto causado pela tese de Piketty. Uma das dimensões mais perturbadoras dessa nova realidade é a perspectiva de congelar, ou mesmo de agravar, a desigualdade da renda e da riqueza entre países. O progresso tecnológico continua a aumentar a produtividade do capital, impedindo a queda da sua taxa de retorno, mas não consegue mais sustentar a demanda e o emprego. O resultado é menos crescimento, e seu corolário, elegantemente demonstrado por Piketty, é a concentração da renda e da riqueza.

A era da escassez, ao menos como a conhecemos, pode ter chegado ao fim. Passamos da era da escassez absoluta para a da escassez relativa. Os problemas econômicos continuam, mas tomam novos contornos. Para compreender e enfrentar os desafios dessa nova realidade, o primeiro passo é rever o arcabouço conceitual e a métrica desenvolvidos para outros tempos e outra realidade. Conceitos e métricas que já cumpriram sua função, mas que hoje são anacrônicos, dificultam a compreensão do presente e distorcem nossa capacidade de formulação para o futuro.

Devagar e sempre[*]

A política econômica — e por extensão todo governo — continua a ser avaliada pelo crescimento da economia. O crescimento pauta os jornais e domina o debate. Enquanto o "pibinho" é usado como arma retórica da oposição, o governo tenta toda sorte de estímulos e artifícios para reverter o quadro de estagnação. Em um ano de eleições, o crescimento deverá, mais uma vez, tomar lugar no centro do palco.

Em "Asiaphoria Meets Regression to the Mean" [Asiaforia encontra reversão para a média] (2014), Larry Summers e Lant Pritchett, da Universidade Harvard, fazem um sofisticado estudo estatístico sobre o crescimento, em toda parte do mundo, desde a metade do século xx. Summers tem longa experiência de vida pública, é tido como intelectualmente brilhante, mas seu temperamento polêmico o levou de favorito a preterido na sucessão de Bernanke, como presidente do Banco Central americano. O objetivo específico do trabalho é avaliar o crescimento da China nos

[*] Publicado no *Valor Econômico*, 17 abr. 2014.

próximos anos, mas permite conclusões importantes sobre crescimento, muito além dos prognósticos para a economia chinesa.

Os autores reconhecem a dificuldade de fazer previsões. O equívoco mais frequente é a extrapolação do passado recente, é acreditar na continuidade do status quo e subestimar a probabilidade das descontinuidades. Tomam então um caminho alternativo; em vez de tentar prever especificamente o crescimento da China, analisam todos os casos de altas taxas de crescimento ocorridos desde 1950. Uma conclusão se sobressai: o crescimento dos países em desenvolvimento não se enquadra no que estipula a teoria dos ciclos macroeconômicos. A taxa de crescimento não oscila em torno de uma média — chamada taxa de crescimento potencial do país —, como postula a teoria. Ao contrário, o crescimento é essencialmente episódico. Há surtos de crescimento acelerado, seguidos de ainda mais destacados períodos de estagnação. Os períodos de rápido crescimento tendem a ser curtos e terminam sempre em períodos de desaceleração ou de estagnação.

Após análise extensiva dos dados, os autores concluem que a evidência mais robusta sobre as taxas de crescimento é a da chamada "reversão para a média". Numa série de estatística, toda vez que ocorre uma observação muito distante da média, existe uma alta probabilidade de que a observação seguinte esteja mais próxima da média. A história contada por Daniel Kahneman é ilustrativa. Diante do psicólogo que recomendava não humilhar os cadetes quando cometiam erros, mas, ao contrário, estimulá-los para reforçar a autoestima, o instrutor de voo militar protestou:

— Discordo, na prática não funciona assim; toda vez que um aluno faz uma manobra malfeita, passo-lhe uma descompostura e a seguinte é melhor; já toda vez que um aluno executa uma excelente manobra e eu o elogio, a próxima já não é tão bem executada.

Embora se imagine que os países tenham personalidades próprias, sejam capazes de crescer a taxas muito diferentes por longos períodos, a verdade é que são muito menos individualizados — em termos de crescimento — do que se pretende. Todos têm períodos de crescimento acelerados, cada qual a seu tempo, mas são apenas surtos, que quase sempre acabam em estagnação. Revertem então para a média mundial. O fato de um país, hoje, crescer rapidamente não quer dizer muita coisa sobre seu crescimento futuro. A melhor estimativa da taxa de crescimento a mais longo prazo para qualquer país, a despeito do seu crescimento atual, é sempre o crescimento médio da economia mundial.

A boa política econômica é muito menos eficiente para acelerar a taxa de crescimento do que se imagina. Em trabalho de 2005, Hausmann, Pritchett e Rodrik concluem que, apesar dos episódios de aceleração significativa do crescimento, isto é, de mais de 2,5 pontos de percentagem ao ano, serem frequentes, não há correlação entre esses surtos de crescimento e a boa política econômica. Já a má política econômica, esta sim é eficiente para levar a períodos de estagnação. Os trabalhos de Rodrik (2000) e de Breuer e McDermott (2013) concluem que as recessões e os períodos de estagnação estão empiricamente muito mais correlacionados com a má política econômica que os períodos de aceleração do crescimento estão associados à boa política. Não há evidências de que a boa política econômica possa acelerar o crescimento, mas há evidência de que a má política econômica leve a alguma desaceleração do crescimento. Breuer e McDermott (2013) argumentam que as recessões são muito mais bem explicadas pela ocorrência de erros de política econômica do que os períodos de rápido crescimento pelos acertos. Infelizmente, parece que os acertos não ajudam tanto quanto pretendemos, mas os erros atrapalham, e muito.

O discurso político trata o crescimento como se fosse uma variável sob controle completo dos governantes, capazes de garantir períodos de crescimento acelerado. Gostamos de nos atribuir mais poder do que realmente temos. A política econômica tem bem menos influência do que se pretende para acelerar o crescimento. A mais longo prazo, as taxas de crescimento de todas as economias convergem para a taxa de crescimento da economia mundial. Apesar de alguns períodos de crescimento diferenciado, a mais longo prazo o crescimento sempre converge para a taxa média mundial. Estamos todos no mesmo barco.

Os períodos de crescimento acelerado, muito acima da média mundial, tendem a terminar em crise, com forte desaceleração, seguida de um período de estagnação. É possível crescer rapidamente quando as circunstâncias são favoráveis, mas o crescimento acelerado cria distorções. Um dia a conta chega. É possível, sim, crescer acima da média, mas só por períodos curtos, seguidos de crise e de estagnação. Há evidência de que a recessão e a estagnação estão associadas tanto ao fim de períodos de crescimento acelerado quanto aos erros de política econômica. É portanto possível inferir que o crescimento acelerado aumenta a probabilidade de más políticas. Na ânsia de continuar a colher os louros políticos e de prolongar o surto de crescimento, acaba-se por fazer má política econômica. O resultado é a crise, a recessão seguida da estagnação.

A história recente está repleta de milagres de crescimento acelerado. A China e a Índia, em menor escala, são apenas os mais recentes. Já tivemos o milagre japonês, depois o dos tigres asiáticos, todos celebrados por analistas como o novo "modelo" a ser perseguido, até que o surto de crescimento chegasse ao fim. As análises apologéticas são então arquivadas e esquecidas. Quem poderia prever, em pleno milagre japonês, que tudo terminaria na explosão de uma bolha imobiliária, seguida de mais de duas décadas de estagnação? Quem diria que o produto per capita do Japão cresceria apenas 0,6% ao ano desde 1991, que hoje seria apenas 12% maior que há 23 anos?

O Brasil não se destaca pela memória, mas não podemos esquecer o nosso milagre durante o período do regime militar. De meados da década de 1960 ao início da década de 1970, a economia brasileira cresceu mais de 10% ao ano. Com a crise do petróleo em 1973, a economia ameaçou desacelerar. Mário Henrique Simonsen, então ministro da Fazenda, sustentou que crescer acima de 5% ao ano criaria desequilíbrios perigosos. Foi substituído por Delfim Neto, que para júbilo do empresariado prometeu manter o crescimento acelerado e dobrou a aposta. Postergou o ajuste, a economia ainda cresceu mais alguns anos, mas à custa de uma dívida externa que se tornou infinanciável e da perda de controle do processo inflacionário. O resultado é conhecido: entre 1980 e 2002, às voltas com as crises da dívida externa e da inflação, o país estagnou e a renda per capita permaneceu praticamente inalterada por 22 anos.

Há exceções — a Coreia, por exemplo, onde os surtos de crescimento não foram seguidos de crise, apenas de desaceleração —, mas a regra é clara: períodos de crescimento acelerado terminam em crise e estagnação. Os motivos do fim do crescimento rápido, assim como as razões do surto, são variados e não necessariamente claros, mas a tentativa de prolongar artificialmente o crescimento sempre termina em crise, recessão e estagnação.

Mas se o crescimento acelerado está fora do controle direto da política econômica, como então escapar do subdesenvolvimento e alcançar os países do Primeiro Mundo? O exame da história do crescimento dos países desenvolvidos pode ajudar. É fato conhecido que os países mais avançados têm taxas de crescimento muito estáveis. Ali, o alto nível da renda não é resultado de surtos de crescimento acelerado, mas sim da persistência do crescimento moderado. Não são os surtos milagrosos, mas a força da estabilidade, associada ao poder das taxas compostas, que leva à alta renda e ao desenvolvimento. Como chamam a atenção North, Wallis e Weingast (2009), a razão pela qual os países em desenvolvimento têm taxas de crescimento médias inferiores às dos desenvolvidos não está na falta de crescimento acelerado, mas sim na falta de consistência do crescimento. Os países avançados não são ricos porque cresceram rapidamente, mas porque cresceram a taxas modestas durante longos períodos. Não tiveram grandes crises, nem interrupções prolongadas do crescimento. Não é por falta de surtos de crescimento que os países em desenvolvimento não alcançam os desenvolvidos, já que quase todos têm períodos de rápido crescimento. O problema é que, apesar de crescerem muito mais rapidamente, quando o fazem, passam grande parte do tempo — quase um terço em média — estagnados ou com crescimento negativo.

As estatísticas apresentadas por Summers e Pritchett confirmam as evidências das últimas décadas, analisadas a partir dos trabalhos pioneiros de Douglas North, de que o alto nível de renda e de produto per capita está associado à alta qualidade das instituições — veja-se, por exemplo, Hall e Jones (1999), Acemoglu, Johnson e Robinson (2002) e North, Wallis e Weingast (2009). Boas instituições, legislação inteligente, facilitadora em vez de complicadora, o respeito às leis não garantem o crescimento acelerado; nada garante, pois ele depende de fatores circunstanciais, mas reduzem a probabilidade de crise e de estagnação prolongada. É mais importante trabalhar com persistência para solucionar nossos problemas, ter como objetivo a qualidade das instituições, um Estado a serviço da sociedade, e não a sociedade a serviço do Estado, do que buscar obsessivamente o crescimento. Qualidade de vida, qualidade das instituições devem ser nossos objetivos. O crescimento acima da média é consequência, quando as circunstâncias ajudam.

Na última década, fomos ajudados pelo crescimento extraordinário da China. Importadora dos produtos primários que exportamos, tivemos um ganho nos termos de troca que é o equivalente a uma transferência de recursos do exterior para o país. Como tínhamos feito o dever de casa na última década do século xx, crescemos. Poderíamos ter crescido mais. Deveríamos ter consolidado as bases para um crescimento contínuo, em busca da melhora da qualidade de vida. Não o fizemos. Ao contrário, jogamos a carta do consumo material, não investimos em infraestrutura, não melhoramos a qualidade do Estado e dos serviços por ele prestados. Dada a força da regressão para a média, o crescimento acelerado da China deve acabar. Nosso período de vacas gordas chegará ao fim. Sem mudança de rumo, infelizmente, voltaremos ao triste ciclo dos surtos de crescimento seguidos de longa estagnação.

Temos sim que contar com a sorte para crescer acima da média mundial. A sorte — em tese — é igual para todos, um dia vem. Na clássica história judaica, diante das insistentes lamúrias do pobre homem que não teve suas preces atendidas, não foi premiado na loteria, Deus finalmente aparece e lhe diz:

— Jacó, compre o bilhete! Construir instituições de alta qualidade, não achincalhá-las em nome do crescimento a qualquer custo, é comprar o bilhete da loteria.

É preciso não ser arrogante, reconhecer quando somos ajudados pela sorte, não nos tomar por donos do crescimento acelerado e, inconformados quando os ventos mudam, destruirmos instituições, dilapidarmos empresas públicas e criarmos todo tipo de distorções, em busca de prolongar o milagre que não é nosso.

Não há lugar para velhos remédios*

A política monetária agressiva dos bancos centrais evitou uma nova depressão. As lições da década de 1930 foram aprendidas: o fim das bolhas financeiras não é o momento para se pautar pela ortodoxia monetária. Houve consenso quanto ao uso do balanço dos bancos centrais para absorver a dívida privada e monetizar a dívida pública. Apesar da inusitada expansão monetária, hoje, mais de cinco anos após o início da crise, as economias do Primeiro Mundo permanecem estagnadas. Quando a questão passa a ser a de como promover a recuperação, o consenso se desfaz e velhas controvérsias ressurgem sob novas roupagens.

Dados os altos custos sociais de uma depressão, é evidente que não se devem poupar esforços para evitar o colapso da economia, mas, com o colapso, o endividamento excessivo teria desaparecido. Uma vez que a depressão foi evitada, o ônus de um

---

* *The State of the World Economy: Challenges and Responses.* A seminar in honor of Pedro S. Malan. Rio de Janeiro: Instituto de Estudos de Política Econômica, 8 maio 2014.

endividamento excessivo ainda está para ser digerido. Esse é o custo do sucesso da política monetária que evitou a depressão. As empresas conseguiram se ajustar mais rápido, mas as famílias ainda estão desconfortavelmente endividadas, e a dívida pública é muito maior do que antes da crise.

As propostas de como promover o crescimento se agrupam em três campos. No primeiro estão aqueles que acreditam que o mesmo experimento monetário que foi capaz de evitar o colapso conseguirá também promover a recuperação. Para isso, basta uma posição ainda mais agressiva dos bancos centrais. Os que defendem uma flexibilização quantitativa (*quantitative easing*, QE) como o caminho para sair da estagnação são seguidores da velha escola monetarista. Isso não deveria ser surpresa, dado que o QE foi sugerido originalmente por Milton Friedman, durante uma visita ao Japão no fim da década de 1990. Como os Estados Unidos e a Europa hoje em dia, o Japão já estava estagnado havia mais de cinco anos, as taxas de juro tinham sido reduzidas a praticamente zero, mas as pressões deflacionárias continuavam fortes. Coerente com sua crença de toda a vida na proporcionalidade entre a renda nominal e os agregados monetários, Friedman sugeriu que o Banco do Japão simplesmente imprimisse mais moeda. A renda nominal deveria acompanhar a expansão da base monetária. Embora nunca os tenha especificado bem, Friedman sempre acreditou que os chamados canais de transmissão da política monetária não estavam restritos às taxas de juros, e eram sim muito mais abrangentes. O Japão implementou a sugestão de Friedman e cunhou o termo "alívio quantitativo". Mais de uma década depois, com sua economia ainda em estagnação, o país decidiu manter a medicação. *Abenomics*, termo que deriva do nome do primeiro-ministro japonês Shinzo Abe, nada mais é do que experimento monetarista em dose maciça. Como recentemente citado por Walter Munchau no *Financial Times*, John K. Galbraith certa vez disse que o azar de Friedman é que "suas políticas tinham sido testadas". Poderíamos acrescentar que a sorte de Friedman é que as crenças em teorias simples podem desafiar a evidência.

O experimento monetarista com QE ignora uma das mais importantes contribuições de Keynes para a compreensão de uma economia sob ameaça da deflação: a armadilha da liquidez. Quando há endividamento excessivo e expectativa de queda de preços, a proporcionalidade entre a moeda e a renda nominal, estabelecida pela teoria quantitativa da moeda, é rompida. Dois de seus parâmetros críticos — a chamada velocidade da moeda e o multiplicador bancário —, que se supõe sejam estáveis em condições normais, falham quando o Banco Central imprime dinheiro num contexto deflacionário. Franco Modigliani, um dos mais contundentes críticos do monetarismo de Friedman na década de 1970, costumava dizer a seus alunos no MIT que a renda nominal mantém sua proporção fixa com a base monetária da mesma maneira que a velocidade de um carro em movimento tem uma relação fixa com sua antena: ela se mantém enquanto não se tenta parar o carro segurando-o pela antena.

Tentar controlar uma inflação alta por meio do controle da base monetária — como nós brasileiros aprendemos pelo caminho mais difícil nas décadas de 1980 e 1990 — não é apenas impossível, é também a via mais curta para uma crise bancária. Tentar estimular uma economia ameaçada de deflação por meio da expansão da base monetária é tão ineficaz como tentar empurrar um carro ladeira acima pela antena. Como Ben Bernanke também foi aluno de Modigliani, creio que ele deve se lembrar da analogia da antena. Ele provavelmente está ciente da ineficácia de QE para livrar a economia da armadilha deflacionária, mas já que – ao menos no curto prazo — o QE tampouco é prejudicial, por que não usá-lo como placebo para acalmar os mercados?

O segundo campo é o neokeynesiano: Michael Woodford, embora não seja um participante ativo no debate público, é a voz mais influente entre os acadêmicos e os dirigentes de bancos centrais que adotam uma visão neokeynesiana. Woodford é o principal nome por trás do atual modelo de referência macroeconômica. Em trabalho excepcionalmente longo apresentado numa reunião de presidentes de bancos centrais realizada em Jackson Hole, Wyoming, em 2013, ele criticou a ineficácia do QE monetarista. Defendeu, como alternativa, o uso da política de taxas de juros negativas, além do chamado limite inferior. Segundo sua tese, um Banco Central pode continuar a estimular a demanda, mesmo depois de a taxa nominal de juros estar próxima de zero, se conseguir criar expectativas inflacionárias. O caminho para isso é ser capaz de dar indicações de seu comportamento futuro, o chamado *forward guidance*, como ficou conhecida essa técnica dos bancos centrais para influenciar as expectativas. Os bancos centrais deveriam estimular expectativas inflacionárias e assegurar, por meio de *forward guidance*, que continuariam a manter as taxas de juros próximas de zero, mesmo quando essas expectativas se materializassem. A ideia é garantir taxas de juro negativas reais.

A abordagem neokeynesiana para estimular a recuperação se baseia na hipótese implícita de que taxas de juros reais mais baixas continuem a estimular a demanda, mesmo depois de ficarem negativas. Em termos do modelo macroeconômico básico, IS-LM, presume-se que não há descontinuidade no formato da curva IS quando se passa para o quadrante da taxa de juros real negativa. Essa continuidade, no entanto, é uma hipótese bastante questionável. É verdade que taxas de juros negativas são capazes de estimular a demanda, mas não é a demanda que aumenta a oferta e promove o crescimento. Taxas de juros reais negativas estimulam a demanda do que se percebe como reserva de valor, aumentam a demanda por bens não reproduzíveis, como obras de arte, propriedades extraordinárias, ou mesmo "relíquias bárbaras", como o ouro. É a demanda por ativos em que se pode estacionar a poupança sem que sejam erodidas pela inflação, não a demanda por bens de consumo ou de capital. A população dos países que experimentaram a inflação crônica até poucas décadas atrás estão bem cientes dos efeitos profundamente desorganizadores de mercados financeiros reprimidos e das taxas de juros reais negativas. Não é necessário passar pela hiperinflação, como a que experimentou a Alemanha na década de 1920, para ficar traumatizado com as perspectivas de erosão das economias de uma vida inteira.

Se o novo monetarismo do QE é ineficaz e as taxas de juros reais negativas neokeynesianas são perigosamente distorcivas, resta-nos o campo dos keynesianos clássicos. Os keynesianos ortodoxos alegam que o neokeynesianismo não é verdadeiramente keynesiano, já que se esqueceu das principais lições da Teoria Geral: a "armadilha da liquidez" e a "função consumo". Para os keynesianos ortodoxos, o caminho para sair da atual estagnação é aumentar os gastos do governo. Segundo seu principal representante, Paul Krugman, os gastos públicos devem ser usados como a "ignição", o motor de arranque, da economia. Mas as circunstâncias atuais são diferentes daquelas de uma economia que passou pela depressão, como aquela a que se refere a Teoria Geral de Keynes. Em primeiro lugar, como a depressão foi evitada, o endividamento continua alto, em níveis desconfortáveis, por isso a propensão marginal ao consumo permanece incomumente baixa. Em segundo lugar, o mundo de hoje é mais integrado; nem mesmo uma economia continental como a dos Estados Unidos pode ser considerada uma economia fechada, e consequentemente a propensão marginal para importar é mais alta.

Uma propensão marginal mais baixa para o consumo e uma propensão marginal mais alta para importar reduzem a eficácia do multiplicador de renda keynesiano. O keynesianismo ortodoxo desconsidera, além disso, o fato de a dívida pública atual não só ser excessivamente alta como continuar em rápido crescimento. Eles argumentam que com taxas de juro zero não há por que se preocupar: o almoço é grátis. A curto prazo, provavelmente têm razão, mas desconsideram os riscos de uma elevação das taxas de juros no futuro sobre a dinâmica da dívida pública, que poderia subitamente ser considerada não financiável. Isso é ameaçador sobretudo para países como os Estados Unidos, onde, ao contrário do Japão, os estrangeiros detêm parcela significativa da dívida pública.

Se não há um caminho claro e isento de riscos para uma recuperação rápida, por que se considera imperativo perseguir o crescimento a todo custo? O crescimento domina o debate público, define o que é o bom e o mau governo, elege ou derrota candidatos. No século xx, o ritmo de crescimento rápido das economias na fronteira tecnológica definiu o crescimento como um imperativo para todos. Mas o crescimento é um fenômeno mais ou menos novo, não havia praticamente crescimento até a Revolução Industrial no século xviii.

Quando se pergunta para que crescer, a resposta mais provável é que sem crescimento não se cria emprego. O crescimento necessário para manter o emprego é o da taxa de crescimento da força de trabalho, aproximadamente o da taxa de crescimento da população, ou seja, basta que a renda per capita seja estabilizada. O que de fato provoca surtos de desemprego são as flutuações no crescimento, sobretudo as recessões provocadas por grandes crises financeiras. Enquanto o crescimento for ao menos igual ao crescimento demográfico, o desemprego está mais correlacionado com as flutuações do crescimento do que com o baixo crescimento. Por que, então, recém-saídos de uma grande crise financeira e depois de evitar por pouco uma outra Grande Depressão, estamos tão ansiosos para crescer? Por que estamos dispostos a usar todo tipo de experimentos ainda não tentados para estimular artificialmente a demanda e a correr o risco de uma nova, e ainda mais grave, bolha estourar no futuro? Uma resposta possível é que o baixo crescimento é hoje sempre percebido como um fenômeno cíclico, que depois da síntese keynesiana é visto como sinal de incompetência na gestão macroeconômica. Uma explicação alternativa é que queremos crescer apenas porque queremos sempre mais, porque mais é melhor. Precisamos crescer para ficar mais ricos. Mas por que essa necessidade de enriquecer a qualquer custo?

Num ensaio de 1930, "As possibilidades econômicas para nossos netos", Keynes procura responder a essa pergunta. Sua resposta contradiz o consenso moderno: "a razão para crescer e ficar mais rico é poder trabalhar menos". O número de horas trabalhadas caiu nos países ricos, mas muito menos do que se poderia imaginar. O trabalho nunca foi considerado tão importante quanto é hoje. Tornou-se um determinante fundamental de nossa vida e de nossa personalidade.

O próprio Keynes intuiu por quê. No mesmo ensaio, ele afirma que, uma vez asseguradas as necessidades básicas, a humanidade se defrontaria com sua verdadeira e eterna questão: o que fazer com o tempo e com a liberdade que o juro composto e a ciência lhe outorgaram?

A correlação entre crescimento e bem-estar é mais fraca do que se imagina, depois que se atinge um nível de renda muito mais baixo do que se poderia esperar. O fato de não haver um claro e quantificável substituto para o crescimento como medida do aumento do bem-estar ajuda a explicar por que ele continua a ser um objetivo tão amplamente perseguido. Se entendido como condição existencial, a felicidade, ou o bem-estar, não é quantificável. Quando se torna claro que os limites físicos de nosso planeta serão severamente comprometidos pela tentativa de levar toda a população do mundo ao nível de consumo material dos países avançados, a obsessão de promover o crescimento a qualquer preço é ainda mais questionável.

A julgar pela nossa obsessão pelo curto prazo, hoje somos todos keynesianos, no sentido que o termo adquiriu na segunda metade do século xx. Horrorizados com a perspectiva de uma demanda insuficiente, erradamente lemos mudanças nas condições de longo prazo como se fossem problemas de curto prazo. A sagacidade de Keynes no debate público é mais bem lembrada em sua observação de que "a longo prazo todos estaremos mortos" — mas Keynes não se reconheceria no atual descaso com os riscos de longo prazo. Há pouco tempo me contaram que, ao sair de um encontro de economistas keynesianos no Canadá, depois de Bretton Woods, Keynes observou que provavelmente ele era o único economista não keynesiano na sala.

Parecemos ter esquecido a lição do modelo neoclássico de crescimento de Solow-Swan: na fronteira tecnológica, o crescimento é função do crescimento demográfico e do progresso tecnológico. Não adiantam estímulos artificiais à demanda. A propósito da década de 1930, Keynes disse que as economias avançadas sofriam das dores do crescimento rápido, não dos problemas da velhice. Podemos ter alcançado a porta da velhice, mas insistimos em tratar nossos problemas como dores cíclicas, porque não erguemos os olhos para além do curto prazo.

O otimismo cético: quinze anos de século XXI*

> *Nós também vivemos numa era de estabilidade e certezas, na ilusão de permanente melhora econômica.*
>
> Tony Judt, *When the Facts Change*

No começo do século XXI havia um inusitado otimismo. Passara-se a acreditar que a política econômica havia sido aperfeiçoada a ponto de aplainar as turbulências e garantir o crescimento contínuo. As crises cíclicas, pelas quais haviam recorrentemente passado as economias capitalistas do século XX, davam a impressão de ter sido superadas. As novas técnicas de condução da política monetária pareciam ter eliminado as flutuações macroeconômicas. Um período de "grande moderação" foi como se convencionou chamar a vitória sobre as crises cíclicas. A realidade fez questão de nos dar mais uma lição de humildade. A crise financeira de 2008, nas economias avançadas, foi devastadora. Só

* Publicado no *Valor Econômico*, 4 maio 2015.

medidas extraordinárias, monetárias e fiscais, conseguiram evitar um colapso de toda a economia ocidental, tão ou mais grave do que a Grande Depressão dos anos 1930. Mais de sete anos após o início da crise, o crescimento não voltou. Há dúvidas se um dia voltará, ao menos com a vitalidade do século passado.

Os mercados de trabalho nas economias avançadas continuam fracos e o desemprego, alto. Mesmo nos Estados Unidos, onde a legislação trabalhista é flexível, apesar de o desemprego ter caído pela metade do pico atingido na crise, a taxa de participação na força de trabalho está no nível mais baixo em 36 anos. Por que o emprego não se recuperou, mesmo nas economias em que a legislação é flexível e que melhor parecem ter superado a crise?

Ao contrário das certezas do início do século, hoje só está claro que muitas coisas não estão claras. As certezas do século passado se tornaram questionáveis. Momentos assim, de mudanças profundas, exigem que as convicções sejam revistas. Provocam ansiedade e perplexidade. Tentar dar respostas é missão impossível. Se soubermos fazer as perguntas, já poderemos nos dar por satisfeitos, teremos avançado muito.

Uma década de impressionante crescimento chinês levou os preços das commodities, tanto agrícolas como minerais, a picos nunca alcançados. Houve um excepcional ganho nos termos de troca para os países exportadores de matérias-primas. O processo se reverteu nos últimos anos. Não foi preciso uma freada brusca da economia chinesa; bastou uma ligeira desaceleração para que houvesse uma forte queda dos preços das matérias-primas. Apesar disso, os preços ainda estão acima da linha de tendência histórica de longo prazo, que é claramente declinante. Raúl Prebisch, e sua polêmica tese dos anos 1970, parece estar reabilitado. Em relação à economia, o mercado das ideias é tão volátil quanto o financeiro.

Larry Summers, professor da Universidade Harvard e ex-secretário do Tesouro dos Estados Unidos, levantou a hipótese de que o crescimento não apenas não voltou, mas que poderá nunca mais voltar aos níveis observados no século xx. Teríamos dado início a uma fase de estagnação, uma estagnação secular, para retomar a expressão cunhada nos anos 1930 por Alvin Hansen, o grande propagador do keynesianismo nos Estados Unidos.

A possibilidade do fim do período de rápido crescimento já fora levantada por Robert J. Gordon, professor da Universidade Northwestern. Teríamos chegado ao fim de um longo ciclo, iniciado com as inovações tecnológicas da Revolução Industrial do século xix. Inovações que permitiram um enorme ganho de produtividade e que foram também fecundas na sua capacidade de criar novas necessidades de consumo. Estimularam tanto a oferta como a demanda. A partir do último quarto do século passado, essas inovações começaram a dar sinais de esgotamento. Os países desenvolvidos, agora, enfrentam fortes ventos contra, cujo mais relevante é o menor crescimento demográfico.

Enquanto Robert J. Gordon vê a redução do crescimento predominantemente pelo lado da oferta, a preocupação de Larry Summers é com a insuficiência de demanda. Estaríamos hoje, ao menos nas economias avançadas, numa situação em que a demanda agregada não é suficiente para absorver tudo o que pode ser produzido, dada a capacidade instalada, a uma taxa de juros positiva. Para que a demanda consiga absorver toda a oferta, a taxa de juros precisaria ser negativa.

Essa é uma situação originalmente diagnosticada por Keynes, no que ele chamou de armadilha da liquidez. Keynes via na armadilha da liquidez uma insuficiência temporária de demanda, causada sobretudo pelas expectativas deflacionárias que se formaram após a Depressão dos anos 1930. Summers reinterpreta a armadilha keynesiana não mais como situação temporária, cíclica de curto prazo, mas agora como condição de longo prazo das economias avançadas. Para Keynes, seria possível sair da armadilha através do aumento dos gastos públicos, que funcionariam como o motor de arranque da economia. Uma vez posta em marcha, superado o espectro da deflação, a economia retomaria seu curso, liderada pelo investimento e pelo consumo privado. Para Summers, entretanto, o remédio de Keynes pode ter perdido sua validade.

Os especialistas estão hoje divididos em três campos quanto às propostas para restaurar o crescimento. O primeiro deles é o dos que defendem que a mesma política monetária de QE, a flexibilização quantitativa, que evitou o colapso da economia, será capaz de promover a volta do crescimento. Partem do princípio de que a expansão da liquidez monetária sempre resulta em expansão da demanda. Essa é a tese original de Milton Friedman, o patrono do monetarismo moderno. Segundo Friedman, existe uma relação proporcional estável entre a quantidade de moeda e a renda nominal. Uma vez os mercados ajustados, mais moeda significa sempre mais renda. O problema é que os mercados podem demorar muito para se ajustar, como demonstra com veemência o caso da economia japonesa, para a qual Friedman, no início deste século, sugeriu originalmente o QE e cunhou seu nome indigesto. Hoje, mais de uma década depois, apesar da política do primeiro-ministro Abe — a mais radical experiência de QE no mundo —, o Japão continua estagnado. Como disse certa vez John K. Galbraith, a falta de sorte de Friedman é que suas sugestões foram testadas. Poderíamos acrescentar que sua sorte é que o apelo de uma explicação simples resiste à evidência dos fatos muito mais do que se poderia supor.

O segundo campo é o dos que defendem que o juro real negativo será capaz de reestimular a demanda. Entre eles está o influente ex-presidente do Banco Central americano, Ben Bernanke, assim como Michael Woodford, professor da Universidade Columbia, menos conhecido do grande público. Woodford é o principal formulador da tese de que os bancos centrais devem atuar para garantir a expectativa de juro real negativo. Segundo ele, se os bancos centrais forem bem-sucedidos, a demanda irá se recuperar.

A tese pressupõe que haja uma continuidade da relação inversa entre a demanda e a taxa de juros, mesmo quando o juro real se torna negativo. Continuidade que está longe de ter sido demonstrada. A combinação da inflação alta com o tabelamento dos juros nominais — situação que se convencionou chamar "repressão financeira" — resultou em longos períodos de juro real negativo, em países como o Brasil, durante os anos da inflação crônica do século passado. O que se pode observar é que o juro real negativo aumenta a demanda por bens que substituem a moeda como reserva de valor, não a demanda por bens de capital de consumo. Aumenta a demanda por tudo aquilo que não pode ser reproduzido, até mesmo uma "relíquia bárbara" como o ouro, e não a demanda por bens de consumo que possam ser produzidos. Não estimulam, portanto, a oferta e o crescimento, mas sim bolhas especulativas de ativos irreproduzíveis. Quando as incertezas são grandes, quando não há perspectiva de crescimento, o juro negativo não estimula a demanda que precisaria ser estimulada.

O terceiro e último campo é o dos que sustentam que a receita de Keynes ainda é a solução. Seu principal expoente é Paul Krugman, ganhador do Nobel de economia, hoje articulista do *New York Times*. Segundo ele, a saída para a atual estagnação é a mesma sugerida por Keynes há quase um século: o aumento dos gastos públicos, especialmente os de investimentos na infraestrutura. Além de fazer a economia pegar no tranco, não tem custos, dado que o juro pago na dívida pública é zero, ou mesmo negativo. Estaríamos diante de verdadeiro caso de "almoço grátis".

Infelizmente, a coisa não é tão simples. A proposta de aumento dos gastos públicos pressupõe que a relação dívida pública/PIB, já alta nos países avançados, não seja problema. Ocorre que se o aumento da dívida pública for percebido como sinal de aumento dos impostos futuros, haverá uma redução dos gastos privados hoje, resultado conhecido como da "equivalência ricardiana". Ainda que não seja levado a ferro e fogo, pois trata-se de um resultado teórico derivado de hipóteses não muito realistas, a equivalência ricardiana reduz o multiplicador dos gastos do governo e sua capacidade de levar à retomada do crescimento. Quando o Estado tornou-se tão grande e complexo que sua gestão eficiente parece ser inviável, quando o Estado já absorve quase 40% da renda nacional, a proposta de sair da estagnação pelo aumento dos gastos públicos, ainda que fosse eficaz, seria questionável.

Os três campos parecem enfrentar dificuldades, tanto teóricas quanto práticas. Há muitas dúvidas e muitas perguntas em aberto. É possível voltar a crescer, ou o baixo crescimento agora é regra? Existem limites para a política monetária? Os juros nominais zero e o QE evitaram a depressão, mas conseguirão reestimular a economia? O QE sofre dos vícios da antiga Teoria Quantitativa da Moeda: a endogeneidade da velocidade de circulação e do multiplicador monetário. Pode-se levar a água ao cavalo, mas não se pode obrigar o cavalo a beber a água. Os bancos podem estar líquidos, mas não emprestam se não há tomadores, ou se só quem busca crédito é quem é visto como não merecedor de crédito. Como disse Summers, invertendo a conhecida Lei de Say, "a falta de demanda cria sua própria falta de oferta".

O juro real negativo da proposta neokeynesiana não enfrenta apenas o limite inferior do juro nominal zero e as expectativas de deflação. Para isso há solução: bastaria eliminar o papel-moeda, tornar a moeda integralmente escritural e taxar — ou cobrar juros sobre — os depósitos à vista. O governo suíço já emite títulos que pagam juros negativos. Mas a taxa de juro real negativa não estimula a demanda dos bens que podem ser produzidos, e sim a dos ativos irreproduzíveis. Não estimula, portanto, a demanda que induz ao investimento e à produção. O resultado pode ser só novas bolhas especulativas.

O novo equilíbrio de longo prazo exige juro real negativo? Segundo Larry Summers, na teoria não, mas na prática sim. Ben Bernanke, que não acredita na tese da estagnação secular, apenas em problemas cíclicos de insuficiência de demanda, discorda. Para ele existe um excesso de poupança, causado pelo impacto da China no mundo. Bernanke recorre ao tio de Summers, Paul Samuelson, professor do MIT e o primeiro ganhador do Nobel de economia, que costumava ensinar a seus alunos que o juro não pode ser negativo para sempre. Caso o fosse, valeria a pena aplainar as montanhas Rochosas para economizar marginalmente energia no transporte entre as duas costas dos Estados Unidos. Com juro real negativo, qualquer loucura se torna viável. O valor de ações e dos investimentos é calculado como fluxo de retornos futuros, redescontados pela taxa de juro. Com o juro zero, o fluxo se torna infinito; com o juro negativo, perde sentido.

A proposta de reedição do remédio keynesiano clássico esbarra no limite prático para o tamanho do Estado e das dívidas públicas. O Estado tornou-se tão grande e complexo, envolvido em tantas áreas e tantos aspectos da vida, que ameaça se tornar disfuncional. A dívida pública está excessivamente alta em toda parte. Reinhart e Rogoff, em best-seller recente, sustentam que há um limite máximo para a relação dívida/PIB. A partir daí, há risco de perda de confiança e o crescimento é afetado. Brad DeLong, professor da Universidade da Califórnia em Berkeley, discorda. O tamanho do Estado e da relação dívida/PIB não só pode como deve ser muito maior do que é hoje. A demanda mudou. Nos países avançados, há menos demanda por bens de consumo e maior demanda por bens públicos. Bens públicos são bens que não são nem excludentes nem rivais, logo o setor privado não tem interesse em fornecê-los. Os exemplos clássicos são a segurança e a qualidade do meio ambiente, mas hoje também a educação, a saúde e a previdência social, entre tantas outras, são áreas em que a presença do Estado parece fundamental. São áreas em que é preciso tomar decisões pessoais que implicam opções de muito longo prazo. Há forte evidência de que as pessoas, especialmente na juventude, quando são premidas a tomar decisões sobre esses temas, em geral avaliam mal, o que tem impacto duradouro e irreversível. O Estado, através de uma regulamentação inteligente, pode ajudar a estimular as decisões mais apropriadas.

Se há cada vez menos demanda por bens de consumo material e cada vez mais demanda por bens públicos, o Estado, único supridor dos bens públicos, deve crescer. Mas como conciliar o crescimento do Estado com a evidência de que, ao menos na sua forma atual, o Estado está no limite de se tornar disfuncional? Será preciso repensar a forma de gerir e de controlar o Estado. O tema não é simples e toma contornos ideológicos que não ajudam a análise objetiva. Tenho a impressão de que o caminho é pela descentralização, associada ao aperfeiçoamento dos mecanismos de avaliação de desempenho.

O caso das economias menos desenvolvidas, que não atingiram a fronteira tecnológica, e ainda têm carências evidentes de consumo material, é diferente. O problema da insuficiência de demanda, tão premente nos países do Primeiro Mundo, não se faz sentir com a mesma força. A restrição mais crucial é pelo lado da oferta. Para esses países, a questão central não é — como equivocadamente se insistiu nos últimos anos no Brasil — estimular a demanda, mas sim aumentar a produtividade. Como incorporar a tecnologia moderna, educar a força de trabalho, estimular a criatividade e o empreendedorismo? Essas são as verdadeiras questões.

A política econômica no Brasil dos últimos anos, em especial depois da crise financeira mundial, foi incompetente e anacrônica. A boa política econômica nem sempre garante o crescimento, mas a má política econômica é garantia de retrocesso. O exemplo de alguns dos nossos vizinhos da América Latina não poderia ser mais eloquente.

As cadeias produtivas estão internacionalizadas. Quem não se integrar será excluído. A chave do ganho de produtividade é a integração e a concorrência internacional. A opção autárquica, mesmo para países com grandes mercados internos, é o caminho da estagnação. Para dar o salto que leva à fronteira da produtividade é preciso estar integrado ao comércio mundial. O caso da China é emblemático. Mais uma vez, é preciso rever conceitos. No século passado, a industrialização tardia podia ser estimulada pelo protecionismo, como indutor da substituição das importações. O protecionismo deste século não é mais o protecionismo do produtor, mas o protecionismo do consumidor. Trata-se da imposição de critérios sobre a qualidade dos produtos e sobre a forma como são fabricados.

A economia está se desmaterializando. O investimento em equipamentos e a produção de bens não são mais a chave do crescimento, nem da criação de valor. A tecnologia não está mais aprisionada ao capital físico, mas sim, com o avanço da informática e da internet, está cada dia mais disponível. A chave da criação de valor transferiu-se do investimento físico para a imaginação e a criatividade. As repercussões dessa transferência ainda não estão de todo claras. Os pessimistas avaliam que haverá menos emprego, sobretudo para os menos qualificados, e maior concentração de renda e riqueza, com implicações sobre a coesão social, que podem vir a ameaçar a própria democracia. Os otimistas sustentam que, ao contrário, estamos à beira de uma nova e libertadora revolução tecnológica. Todos terão cada vez mais acesso gratuito à informação, ao conhecimento, à educação e ao entretenimento. Como toda revolução, esta também é, inicialmente, desorganizadora, mas é uma desorganização criativa, uma destruição schumpeteriana.

Tenham razão os otimistas ou os pessimistas, as incertezas levantarão questões políticas ainda mais complexas que as econômicas. Num mundo interligado, com acesso imediato à informação e capacidade de se organizar e de se exprimir pela internet, a democracia representativa e o próprio Estado-nação serão questionados e precisarão se adaptar.

Pode-se ver nas questões em aberto, nas contradições deste início de século, um sinal da força da verdadeira tese liberal: a de que o desenvolvimento é o aumento das possibilidades de escolha. Só assim é possível escapar de um reducionismo economicista, que associa todo bem-estar ao consumo material e toda engenhosidade humana aos estímulos materiais. Em "O que está vivo e o que está morto na democracia social", o historiador e ensaísta inglês Tony Judt sustenta que "tudo que devemos almejar são melhorias imperfeitas em circunstâncias insatisfatórias". É um otimismo temperado pelo ceticismo, o único que faz sentido.

DAS INSATISFAÇÕES DIFUSAS

Sobre a relevância da racionalidade*

1. EXPECTATIVAS RACIONAIS

Há hoje um consenso científico de que o aquecimento global, causado pela ação humana, deverá ter consequências potencialmente catastróficas ainda neste século. Como explicar o descompasso entre o consenso científico e a inação diante das previsões dos modelos utilizados para avaliar o impacto das mudanças climáticas?

A teoria econômica, há mais de quatro décadas, adotou como referência a tese de que formamos expectativas de forma racional. Expectativas racionais levam em conta toda a informação disponível, inclusive o melhor modelo de inter-relação dos dados, para antecipar eventos. A hipótese, formulada originalmente por John Muth em artigo de 1961, ficou esquecida até meados da década de 1970, quando foi retomada por economistas ligados à

---

* Apresentado no Instituto Fernando Henrique Cardoso, em 27 ago. 2013. Agradeço os comentários de Antonio Carlos Barbosa de Oliveira, Eduardo Giannetti da Fonseca, Luiz Correa do Lago e Edmar Bacha.

Universidade de Chicago, que a adotaram no contexto da macroeconomia e das finanças. A adoção de expectativas formadas racionalmente, ou seja, levando em consideração toda a informação disponível e o próprio modelo no qual as expectativas são utilizadas, tem implicações radicais.

Tanto nos mercados de capitais, nas bolsas de valores, quanto nos mercados macroeconômicos clássicos, como o mercado de trabalho e o mercado do produto nacional, se as expectativas forem racionais, só poderá haver desvios em relação aos valores de equilíbrio se houver novas e inesperadas informações. Os movimentos dos preços dos ativos, como por exemplo os das ações, são decorrência de novas circunstâncias imprevisíveis e são, portanto, também imprevisíveis. Seriam movimentos puramente aleatórios, sem nenhuma tendência antecipável, pois tudo que fosse passível de ser antecipado já estaria incorporado nos preços de equilíbrio.

Os mercados de capitais, ou de quaisquer ativos, seriam assim eficientes, com movimentos impossíveis de ser antecipados. Contratar os serviços de um gestor profissional de ações seria puro desperdício, pois tanto faz escolher uma carteira de ações com base nas mais elaboradas análises, ou apenas jogando dardos num quadro com o nome das empresas. O resultado esperado da valorização das carteiras seria o mesmo. No contexto macroeconômico, o uso de expectativas racionais tem implicações ainda mais difíceis de ser digeridas. Como todos os mercados estariam sempre em equilíbrio, perturbados apenas por mudanças inesperadas das circunstâncias, não poderia haver desemprego, a menos que as pessoas resolvessem não trabalhar — fenômeno que os macroeconomistas das expectativas racionais chamavam, ao que parece sem nenhuma ironia, de desemprego voluntário.

Com resultados tão flagrantemente incompatíveis com a realidade, seria de se supor que a chamada hipótese das expectativas racionais tivesse sido debatida e abandonada, vista no máximo como uma curiosidade intelectual. Mas não foi o que ocorreu. De início foi de fato muito questionada, mas venceu a batalha. Tornou-se a hipótese básica de referência de toda a teoria financeira e macroeconômica. Só muito recentemente, sobretudo depois da crise financeira de 2008, seu questionamento e a busca de alternativas parecem ressurgir. A hipótese mais conhecida, a das chamadas expectativas adaptativas, pressupõe que formamos expectativas com base no passado, revendo-as gradualmente de acordo com os erros cometidos. Os resultados do uso de expectativas adaptativas são bem mais realistas, mas é difícil contestar, do ponto de vista lógico, o argumento de que os agentes, sendo racionais, devem utilizar toda a informação disponível e de acordo com o melhor modelo conhecido. A racionalidade dos agentes é pedra fundamental da moderna teoria econômica. Embora possa parecer surpreendente para os leigos, a força da lógica da racionalidade, numa disciplina que aspira alcançar o rigor das ciências exatas, é imbatível. Ao menos para a teoria econômica, se o preço do rigor racional for o irrealismo e a irrelevância prática, tanto pior para o realismo e a relevância.

Para alguém treinado como economista na tradição das expectativas racionais, se os agentes não respondem da forma que seria de se supor às previsões dos modelos, é porque têm informação diferente ou o modelo está equivocado. Com agentes racionais, que levam em conta todas as informações disponíveis, está-se sempre em equilíbrio, ou seja, na trajetória adequada. Só será preciso rever o equilíbrio, ou a trajetória, se nova e inesperada mudança das circunstâncias vier a ocorrer. A teoria econômica, apegada a todo custo à hipótese de racionalidade, é obrigada a aceitar que todo comportamento observado é racional. Nenhuma trajetória pode ser considerada de desequilíbrio até prova em contrário. A menos que haja alguma restrição externa que impeça o equilíbrio racional, não há espaço para erros sistemáticos e excessos sucessivos. Nenhuma intervenção de política se justifica para rever rumos antes que ocorra uma correção drástica e potencialmente traumática. A hipótese da racionalidade resolve o problema assumindo sua impossibilidade lógica. A racionalidade das expectativas e a eficiência dos mercados garantem que estamos sempre no melhor dos mundos. Só a posteriori, depois da implosão da crise, surpresos, tentamos recolher os cacos do que sobrou.

A adoção dos modelos econômicos de mercados eficientes, com base nas expectativas racionais, explica atitudes passivas diante de sinais evidentes de trajetórias especulativas insustentáveis de preços de bens, como ações, imóveis e outros ativos financeiros. De certa forma, pode também explicar a disparidade entre o consenso científico atual a respeito do aquecimento global e a falta de iniciativa, por parte de governos e sociedades, para reverter o curso e mitigar os impactos previstos. Assim como a lógica dos mercados eficientes desconsidera qualquer sinal de que os preços possam ter entrado em trajetórias especulativas, instáveis, que terminam num ajuste súbito e brusco, porque trajetórias especulativas são descartadas por hipótese, o otimismo quanto à engenhosidade e à racionalidade humana descarta a possibilidade de que não estejamos no curso correto em relação aos limites físicos do planeta. A hipótese de nossa racionalidade coletiva, apesar dos incontáveis exemplos de insensatez ao longo da história, impede qualquer conclusão diferente.

Ocorre que dois campos de pesquisas distintos, o da neurociência e o da teoria da complexidade computacional, hoje em grande ebulição, levantam suspeitas justamente sobre a relevância da racionalidade. Não somos apenas menos racionais do que gostamos de acreditar, mas também a racionalidade é bem menos importante do que nos parece.

2. INTELIGÊNCIA E APRENDIZADO

Se fosse preciso usar uma definição sucinta de inteligência, esta seria a capacidade de se adaptar. Todos os seres vivos têm capacidade de adaptar comportamentos, aprendem a evitar atitudes que lhes fazem mal e a tomar atitudes que lhes são favoráveis; são, portanto, inteligentes. Se associamos inteligência exclusivamente aos seres humanos, é porque usamos uma definição menos abrangente de inteligência, a da inteligência analítica, da capacidade de fazer raciocínios lógicos dedutivos. A primazia dada à capacidade de raciocinar de forma lógico-analítica, de trabalhar com silogismos como sinal de inteligência, tem longa tradição. Aristóteles já havia observado que existem duas formas de raciocinar, a dedutiva e a indutiva, do geral para o particular e do particular para o geral. A partir de premissas dadas, com o uso da lógica, de silogismos, é possível chegar a conclusões que expandem o conhecimento. Esse é essencialmente o instrumental utilizado pela ciência. Desde o século XVII, o desenvolvimento do método científico, da análise lógico-dedutiva combinada com observações empíricas, permitiu a expansão de nosso conhecimento do mundo numa velocidade até então inconcebível. Já o raciocínio indutivo, aquele que procura expandir o conhecimento a partir de generalizações do particular, que funciona por metáforas e analogias, desde cedo enfrentou sério questionamento.

Como certificar-se de que uma generalização ou uma analogia é válida? Especialmente a partir do século XIX, com a prevalência da mentalidade positivista, as analogias e as metáforas, todo pensamento que não seguisse o rigor das definições e da lógica analítica passou a ser visto como uma forma inferior, se não enganosa, de pensar. Enquanto não puderem ser confirmadas pelo raciocínio lógico-dedutivo, todas as generalizações, todas as analogias, são apenas uma possibilidade, pura especulação. São, na melhor das hipóteses, apenas teses à procura de teorias que lhes possam dar credibilidade. Como disse o físico inglês Arthur Eddington, no início dos anos 1930: "Espero não chocar nenhum físico experimentalista se disser que suas observações são inúteis até que confirmadas pela teoria". O sucesso da ciência e do método científico teve como contrapartida reforçar a desconfiança dos céticos em relação às analogias e às generalizações. O raciocínio indutivo, diante do prestígio e do sucesso adquirido por seu irmão, o raciocínio lógico-dedutivo, foi marginalizado e praticamente desapareceu da própria definição de inteligência.

A valorização da análise lógico-dedutiva como a única forma que temos de ter conhecimento válido do mundo, em oposição a tudo o mais, que seria pura superstição, foi reforçada pela impressionante capacidade da linguagem matemática de servir como instrumento de conhecimento da realidade física. A matemática é a língua analítica, lógico-dedutiva por excelência. No início do século xx, o filósofo Bertrand Russell e o matemático David Hilbert, dando seguimento aos trabalhos de lógica de George Boole e Gottlob Frege no século xix, estavam convencidos de que a matemática poderia ser integralmente formalizada numa linguagem lógica. Acreditavam que toda afirmativa verdadeira e nenhuma falsa poderiam ser deduzidas a partir de um conjunto de axiomas. Propuseram-se então a sistematizar toda a matemática. A empreitada, sempre questionada por Ludwig Wittgenstein, aluno brilhante de Bertrand Russell, foi finalmente por água abaixo quando, em 1931, um jovem de 24 anos, Kurt Gödel, demonstrou a impossibilidade de um sistema axiomático completo e consistente. Em qualquer sistema lógico complexo o suficiente existe ao menos uma sentença lógica verdadeira que não pode ser demonstrada a partir dos axiomas do próprio sistema. Conhecido como Teorema da Incompletude de Gödel, o resultado teve profundo impacto intelectual. Foi provavelmente a primeira demonstração de que a tese de Wittgenstein, de que haveria um limite para o alcançável pela linguagem e a razão, estava correta. Mesmo no terreno da própria lógica, quando o sistema se torna complexo, algo escapa à razão. É preciso introduzir alguma intuição arbitrária. Se tomamos uma afirmação como verdadeira, nossa convicção só pode ter duas fontes: ou bem a dedução lógica a partir de outras afirmações verdadeiras, ou então a generalização, a analogia com experiências específicas. É claro que a indução, a partir de experiências específicas, é a fundamental, pois só ela nos dá acesso às premissas básicas, aos chamados axiomas, considerados evidentes por si mesmos, sem os quais a lógica dedutiva não vai a lugar algum.

A resistência à indução tem sua razão de ser. Inferir a partir de qualquer experiência particular exige, ao menos, a hipótese de que há alguma regularidade no mundo. Mas de onde vem essa convicção de regularidade senão da observação de que até hoje houve alguma regularidade? Nada garante que a partir de algum momento o mundo mude e as regularidades observadas deixem de existir. Se formos rigorosamente lógicos, somos obrigados a ser céticos, não tomar como certo aquilo que foi válido até hoje mas não foi deduzido de premissas verdadeiras. Ocorre que vivemos e aprendemos com analogias e induções. Sem analogias e generalizações nada aprenderíamos e nada saberíamos. Desde cedo, as crianças aprendem a categorizar, sem necessidade de definições precisas, a partir de generalizações. Não é preciso ter definições de cachorros e de gatos para poder identificar quem é gato e quem é cachorro. Qualquer criança aprende imediatamente a reconhecer um e outro. Há uma grande diferença entre raciocinar e aprender. Ao contrário do que parece, raciocinar não é condição, nem necessária nem suficiente, para aprender.

Douglas Hofstadter, autor de *Gödel, Escher, Bach*, livro que entre muitos outros temas discute o processo cognitivo e ganhou o prêmio Pulitzer em 1980, publicou novo livro em coautoria com Emmanuel Sander. Em *Surfaces and Essences* (2013), eles afirmam que a base de todo pensamento humano é a analogia. Fazemos a todo instante, desde o nascimento, uma sucessão infindável de analogias inconscientes que são a base tanto de nossa capacidade de comunicação como de compreensão do mundo. É essa rede infinita de analogias inconscientes que nos permite um uso tão sofisticado da língua. Não usamos a linguagem e os conceitos de maneira apenas objetiva e pragmática, mas de forma elaboradíssima, cheia de nuances, com significados simultâneos e em vários níveis. É essa faculdade que nos permite inovar, criar conceitos, usar a língua de forma nova, surpreendente, poética, e ainda assim compreensível.

O raciocínio lógico é um poderoso instrumento de aprendizado, mas, ao contrário do que se chegou a crer no auge do seu prestígio, nem tudo é passível de ter sua validade conferida pela lógica. A própria lógica requer alguma premissa não verificável, um axioma, considerado autoevidente. Raciocinar ajuda a verificar a validade do que aprendemos, a checar se há incoerências e inconsistências entre aquilo que pretendemos saber mas não é essencial para aprender. Serve, portanto, para nos indicar se nossas convicções precisam ser reconsideradas, mas aprendemos infinitamente mais por generalização que por raciocínio.

Os trabalhos dos psicólogos Daniel Kahneman e Amos Tversky chamaram a atenção para os equívocos que cometemos na tomada de decisão intuitiva. Quando usamos o que eles chamam de sistema 1 de avaliação, quando decidimos sem parar para pensar, cometemos erros sistemáticos de lógica. Seus trabalhos foram importantes para demonstrar que a hipótese de racionalidade dos agentes não tem a validade universal que pretende a teoria econômica. Para chegar a esse resultado — tão relevante que Kahneman ganhou o prêmio Nobel de economia —, eles usaram o método científico lógico-dedutivo, raciocinaram, ou seja, usaram o sistema II, na denominação deles, para expandir nosso conhecimento. O trabalho de Kahneman e Tversky usa a lógica para demonstrar que nós, seres humanos, somos ruins de lógica. Por isso mesmo, raciocinar, usar a lógica, nos é penoso. Quando aprendemos algo por meio do raciocínio, do método analítico, nos sentimos recompensados exatamente porque aprendemos por caminhos que não nos são naturais, que nos dão trabalho. O aprendizado que nos é natural é o da indução, das generalizações, das analogias e das metáforas, em que temos uma extraordinária habilidade. Talvez por isso nossa espantosa capacidade de aprender sem raciocinar não nos impressione. Dela quase não nos damos conta.

3. OS LIMITES DO COMPUTÁVEL

Wittgenstein e Gödel demonstraram os limites da língua e da lógica, os limites, portanto, do método científico analítico. O resultado poderia ser interpretado como algo negativo para a evolução do conhecimento, mas levou à abertura de uma nova frente. O raciocínio lógico foi obrigado a descer do pedestal ao qual o havíamos elevado. Um artigo de 1936, publicado pelo jovem inglês Alan Turing, resultou em uma das mais importantes revoluções intelectuais de todos os tempos. Turing, considerado o pai da revolução da informática, demonstrou que a execução passo a passo de procedimentos para processar informação — o que hoje chamamos computação — poderia ser estudada formalmente. Seu artigo apresentou um modelo capaz de processar informação passo a passo. Descreveu como desenhar o que ficou conhecido como a máquina universal de Turing, capaz de executar todos os processos mecânicos possíveis. Turing definiu tudo o que poderia ser processado de forma mecânica, ou seja, sem necessidade de criatividade, inspiração ou intuição. Mas não parou por aí: demonstrou ainda que nem todos os processos matematicamente bem definidos tinham solução pela computação, que nem todo problema lógico matemático tem solução mecânica. Existem problemas não computáveis. Não estabeleceu entretanto se os problemas não computáveis poderiam ser resolvidos de alguma outra forma, algo que poderíamos chamar criatividade ou inspiração.

Turing revolucionou a pesquisa científica ao demonstrar que, além da postulação de teorias a serem testadas pela observação da realidade, seria também possível expandir nosso conhecimento do mundo por intermédio de simulações computadorizadas. Sabe-se hoje que essas simulações permitem analisar as consequências do que se pretende testar, mesmo em casos em que seria muito difícil, ou mesmo impossível, fazê-lo pelo método analítico, lógico-dedutivo da matemática. Um novo e profícuo campo de investigação surgiu com o rápido desenvolvimento dos computadores e da informática.

Na própria matemática, uma nova área se abriu: o estudo da complexidade computacional. Como Turing já havia antecipado, sabe-se que, apesar das possibilidades abertas pela computação, há limites inerentes à complexidade dos sistemas e dos mecanismos que podem ser aprendidos. Nem toda acumulação de dados é passível de nos fazer compreender como funciona determinado sistema. O talento de Turing, em seu artigo seminal, já havia demonstrado a existência desses limites. Max Newman, amigo e mentor de Turing, disse em seu obituário que todo o seu trabalho, nos mais variados campos, tinha um único propósito: definir as possibilidades e os limites das explicações mecânicas da natureza. O matemático inglês, professor da Universidade Harvard, Leslie Valiant, afirma que Turing antecipou, na metade do século XX, aquilo que seria objeto de pesquisa do século XXI: o fato de que em todas as ciências, física, química e biologia, a busca por explicações mecanicistas tem limites. A natureza requer explicações que as ciências não têm como alcançar. Segundo Valiant, o lugar de Turing na história está assegurado pela descoberta e pela demonstração dessa dimensão da ciência, insuspeita para o otimismo moderno.

A ideia de que os processos biológicos e cognitivos deveriam ser entendidos como processos de computação foi sugerida pelos próprios precursores da computação, como Turing e Von Neumann. Ambos compartilhavam a ideia de que a lógica dedutiva da matemática, de onde a própria computação tinha surgido, não era o instrumento ideal para a descrição dos processos biológicos e de aprendizado. Em seu artigo sobre os limites do que pode ser computável, Turing afirma que seus resultados

> estabelecem certos limites para o que se pode ter esperança de conseguir através do puro raciocínio. Estes, e outros resultados da lógica matemática, podem ser entendidos como passos na direção da demonstração, pela própria matemática, da inadequação da razão quando não apoiada no senso comum.

O talento de Turing reconhecia, pela primeira vez na história da ciência, que o senso comum pode ser mais importante do que a razão. Antevia assim o que o estudo da inteligência artificial veio a demonstrar: os computadores são imbatíveis para raciocinar, porém — ao menos por enquanto — incapazes de qualquer bom senso.

Mas de onde vêm as convicções básicas que chamamos de evidentes por si mesmas, com as quais todos concordam? Se não são resultado de raciocínio lógico, restam duas possibilidades: ou são inatas, estão codificadas em nosso patrimônio genético, ou são adquiridas por intermédio de um aprendizado que não depende de computação. Há de fato instruções sobre o mundo geneticamente codificadas, ou temos outras formas de apreender o mundo que não dependam nem do raciocínio lógico nem da computação indutiva? O que é o bom senso? Como aprendemos a ter bom senso? Há formas de compreender que dependem de inspiração, de alguma intuição que dispensa o raciocínio e também a indução por processamentos mecânicos, por mais sofisticados que sejam?

Antes de tentar responder, vale a pena saber o que estuda o novo campo da matemática chamado complexidade computacional. O jovem Scott Aaronson, nascido em 1981, é professor titular do MIT, nos Estados Unidos, e publicou um ensaio instigante e pedagógico, cujo título é justamente "Why Philosophers Should Care about Computational Complexity", ou seja, por que os filósofos deveriam dar atenção à complexidade computacional.

Segundo Aaronson, quando uma coisa é passível de ser resolvida por computação, saber o grau de eficiência com que pode ser computada pode parecer uma questão meramente prática, sem nenhum interesse filosófico, mas, ao contrário, é importante para iluminar questões como a natureza do conhecimento matemático, o problema filosófico da indução e da inteligência. Esse novo campo da matemática emprega técnicas diferentes da matemática utilizada pela física e outras ciências exatas. Até hoje, a ciência usou essencialmente a lógica e a análise matemática das variações contínuas, chamada cálculo diferencial. Tão importante, até surpreendente, é sua capacidade de descrição da realidade física que Mário Henrique Simonsen, economista, mas também talentoso matemático, costumava dizer aos seus alunos que o mundo se dividia entre os que sabem e os que não sabem cálculo. Quem não sabe cálculo não teria o domínio da língua necessária para compreender o mundo. Pois agora o professor Simonsen seria obrigado a expandir os requisitos para sua definição de alfabetização matemática. A complexidade computacional não usa cálculo, ao menos diretamente, mas teoria dos números, análise combinatória e probabilidade.

O resultado do estudo da complexidade computacional que nos interessa aqui é que há uma fronteira clara entre o que é resolvível e o que não é resolvível por computação. A teoria da complexidade pergunta se os recursos necessários para resolver um problema, cuja escala é dada por um número n, tem dimensão razoável ou não razoável. Parece haver uma linha demarcatória clara entre os problemas que exigem recursos razoáveis e são computáveis, mesmo quando sua escala n cresce, e aqueles que exigem recursos além do razoável, que não são, portanto, computáveis para grandes valores de n.

Correndo o risco de assustar o leitor menos afeito à matemática, um problema de escala n tem solução se exigir um número de passos computacionais que é uma função linear ou mesmo quadrática de n, como por exemplo 2n ou n^2. Já um problema de escala n é considerado sem solução quando exige um número de passos de computação dado por alguma função exponencial ou fatorial de n, como por exemplo 2^n ou n!. Problemas de escala n têm solução se o número de passos computacionais exigido for dado por uma função polinomial de n, e não têm solução se o número de passos computacionais para resolvê-lo for dado por uma função não polinomial de n. O número de passos, dados por uma função polinomial ou não polinomial da escala do problema, define assim, para valores crescentes de n, o que tem solução e o que não tem solução por computação.

Embora não se tenha ainda conseguido provar a existência dessa linha demarcatória, há grande consenso sobre o tema, pois os algoritmos conhecidos para a solução de problemas caem num caso ou no outro. Por razões ainda não bem compreendidas, a dicotomia entre soluções polinomiais e soluções exponenciais tem implicações práticas mais importantes do que se poderia supor. Problemas polinomiais são resolvíveis e podem sempre ter aperfeiçoada a forma como são resolvidos, mas os problemas não polinomiais simplesmente não podem ser resolvidos por computação, a despeito do poder de computação disponível. Mesmo com os computadores mais eficientes imagináveis, ainda que com a chamada computação quântica, não há como resolver grandes problemas que exigem um número de passos dado por funções exponenciais da escala do problema. Temos que adicionar uma nova restrição à conclusão de Turing: não apenas há problemas não computáveis, como há também limites para a solução de problemas conceitualmente computáveis.

4. INTELIGÊNCIA E VIDA

A pergunta fundamental para o campo da inteligência artificial — melhor seria dizer para o estudo da inteligência — é se o limite do aprendizado por computação é apenas um limite para os computadores, ou também um limite para os seres vivos e os seres humanos em particular. O problema remete ao chamado teste de Turing. É possível construir um computador capaz de se passar por um ser humano numa conversa? Não há consenso. Os seres humanos têm bom senso, capacidade de aprender por meios outros que a mais sofisticada e eficiente das computações. O argumento de que a inteligência meramente computacional, artificial, nunca pode ser como a inteligência humana pode ser mostrado com base no teorema de Gödel: um computador fazendo deduções com base num sistema lógico de regras fixas jamais seria capaz de perceber a consistência de suas próprias regras, algo que os matemáticos humanos conseguem através de algum tipo de bom senso primal, de intuição platônica. Ao menos os seres humanos matemáticos jamais poderiam ser simulados por computadores!

Há muitos contra-argumentos, e a questão não parece estar resolvida. Pode ser formulada de outra forma. Turing demonstrou que há coisas não compreensíveis pela computação. Sabe-se hoje que, mesmo entre o que é conceitualmente solucionável por computação, tudo o que exige um número não polinomial de passos não o é. Um computador jamais poderá, portanto, replicar um ser humano se os seres humanos forem capazes de resolver problemas conceitualmente não mecânicos ou que exijam um número de passos computacionais dados por funções não polinomiais. Os computadores já são muito mais eficientes do que nós na lógica dedutiva. Teríamos uma capacidade de indução, de perceber padrões globais, simetrias, regularidades, não acessíveis nem à mais eficiente das computações? Não há consenso; os estudiosos se dividem. Aaronson, assim como a maioria dos que se dedicam ao estudo da inteligência proveniente da matemática e da computação, parece acreditar que não temos capacidade de aprendizado e compreensão não computacionais, que não somos, em essência, diferentes dos computadores. Nossos sistemas neurológico e nervoso poderiam ser vistos como grandes circuitos de computação. Apesar de ainda não conseguirmos entender integralmente como funcionam, seriam apenas elaboradíssimos mecanismos de computação.

Já entre os que estudam a inteligência e o processo cognitivo a partir da neurologia e da linguística, a opinião dominante parece ser de que sim, que temos alguma capacidade de percepção não computacional. É o caso de Noam Chomsky, também professor do MIT, mais conhecido pelo seu ativismo político, mas cujo trabalho acadêmico defende a existência de uma gramática universal, descontextualizada, compartilhada por todas as línguas, que é produto da evolução biológica. Somos capazes de inovar, de surpreender, de fazer um uso poético, ilógico e irracional — se o racional for definido no sentido restrito de lógico — da língua, que não seria acessível ao mais eficiente dos computadores imagináveis.

Nas últimas décadas, houve um enorme esforço em dar aos computadores o conhecimento necessário para torná-los aptos a responder questões que requerem bom senso, mas sem sucesso. Em todas as oportunidades em que a questão não é considerada pela programação, o computador dá respostas inadequadas e muitas vezes absurdas. Apesar de os vários segmentos do programa serem razoáveis, quando combinados para responder a uma pergunta nova, não fazem sentido. Essa característica dos programas mais complexos, a que se dá o nome de *brittleness*, algo como falta de maneabilidade, parece inevitável em todo programa de raciocínio lógico ou mesmo probabilístico. Acredita-se que a forma de evitar a falta de maneabilidade, de *brittleness*, é fazer com que os programas aprendam por si mesmos. Computadores que estejam programados para aprender, como seres vivos, corrigem seus erros, adaptam-se à realidade, tornando-se cada vez mais eficientes. No entanto, as tentativas de programar aprendizado e raciocínio nos computadores indicam que, para propostas mais ambiciosas, a complexidade computacional envolvida é intratável.

Estou entre os que acreditam que nossa infinita capacidade de analogias inconscientes nos permite um sofisticadíssimo uso da língua e de conceitos que vão muito além da lógica e da objetividade. A figura de linguagem zeugma, quando uma palavra é usada com sentidos distintos numa mesma frase, provocando um efeito surpreendente e divertido, é reveladora do uso elaborado, não mecânico, que fazemos da língua. Um belo exemplo é o verso de Newton Mendonça, na letra de "Desafinado", de Tom Jobim: "Fotografei você na minha Rolleiflex, revelou-se a sua enorme ingratidão". Mas o meu zeugma preferido é de Machado de Assis, na boca de Brás Cubas: "Marcela amou-me durante quinze meses e onze contos de reis". O mais elaborado dos computadores é incapaz de captar o fino senso de humor, o rico insight do relacionamento do casal que essa única frase transmite.

Nossa capacidade de compreensão através da linguagem é sofisticadíssima, opera em vários níveis simultâneos, muito além da lógica e da objetividade, mas não é tudo. Somos capazes, assim como outros seres vivos, de obter informações importantes por intermédio de vários outros canais. A visão, por exemplo, é comprovadamente nossa mais poderosa forma de obter e memorizar informação. Ao caminhar por uma cidade desconhecida, ainda que sem prestar conscientemente atenção, somos quase sempre capazes de refazer o caminho de volta com pouquíssimos equívocos. A poderosa relação da visão com a memória é explorada pelos que participam de competições de memória. A técnica consiste em associar cada peça a ser lembrada — cartas de baralho, palavras, o que quer que seja — a um espaço específico, como o cômodo de um imóvel que conhecemos bem, a que se dá o nome de nosso "palácio da memória". Temos poderosa capacidade de memorizar rostos, neles ler emoções e intenções. O tom de voz de nossos interlocutores, o tato e o olfato e até mesmo o paladar são sentidos fundamentais para nos transmitir informações sobre nossos amigos, inimigos, amantes e o mundo.

A questão está, de toda forma, em aberto. Apesar de o otimismo inicial em relação à inteligência artificial não ter se confirmado, há os que acreditam que é mera questão de tempo até que os computadores nos alcancem. Programas capazes de aprender por si mesmos, ao interagir com o mundo, evoluiriam como seres vivos. Em última instância, não haveria distinção entre seres vivos e máquinas capazes de pensar, pois, como tudo tem origem física, não há diferença entre matéria orgânica e inorgânica, entre neurônios e circuitos em silício. Se tudo que um ser vivo faz é computar a partir das informações que coleta do meio ambiente, nada o distingue de um computador programado para interagir e aprender com o meio ambiente. O programa humano pode ser muito mais complexo e sofisticado, mas não haveria diferença de essência. Essa é a visão criticada, em *Mind and Cosmos* (2012), pelo filósofo americano e professor da Universidade de Nova York Thomas Nagel, para quem o cientificismo moderno passou a acreditar na existência de uma explicação fisiológica para tudo, mesmo para nossa consciência e subjetividade.

Para os que trabalham na área de computação, a distinção entre o sujeito físico e o processamento de informação, entre a máquina e o programa, é evidente, mas a distinção não foi sempre tão clara. Tendemos a confundir "aquilo que faz" com "o que aquilo faz". Mas se viver é exclusivamente computar, tudo o que computa está vivo. Teríamos chegado afinal à posição antes atribuída exclusivamente aos deuses: criar vida. É a apoteose, não necessariamente do otimismo, mas com certeza da arrogância humana.

5. A PEQUENA JANELA DA CONSCIÊNCIA

O neurocientista português (radicado nos Estados Unidos) António Damásio também está entre os que concordam que há mais do que pura computação na inteligência humana. Em seu primeiro livro, *O erro de Descartes* (1994), o caso de Phineas Gage, que teve o crânio transpassado por uma barra de ferro, serve para ilustrar a tese de que há mais do que mera capacidade de raciocinar na inteligência humana. Em 1848, Phineas Gage chefiava uma equipe de trabalhadores na construção de uma estrada de ferro no estado de Vermont, nos Estados Unidos, quando sua picareta atingiu o explosivo usado para abrir buracos na pedra sobre a qual se assentariam os trilhos. Sobreviveu milagrosamente ao acidente, sem nem mesmo perder a consciência. Teve algumas convulsões e minutos depois estava de pé e conversando. A improbabilidade do caso o transformou em objeto de estudo.

Apesar de grande perda de massa cerebral, ele demonstrou não ter tido nenhuma alteração de sua capacidade intelectual e passou com louvor na bateria de testes a que foi submetido. Até o acidente um homem de vida ordenada, trabalhador exemplar, sua vida desandou por completo a partir daí. Embora com suas faculdades intelectuais intactas, Gage perdera o bom senso. O caso serve para ilustrar a tese de Damásio de que não pensamos apenas com o cérebro, mas com todo o nosso organismo. Áreas no cérebro que estão relacionadas à propriedade única dos seres humanos — entre elas a de prever o futuro e fazer planos num ambiente social complexo — estão interligadas a todo o nosso organismo.

Em seu livro *E o cérebro criou o homem* (2011), Damásio volta ao tema. Sustenta que razão e emoção não são dissociáveis; pensamos, aprendemos e tomamos decisões de forma integrada. Aquilo que pensamos de forma consciente é parte de um sistema complexo de regulação da vida — cujo termo técnico é homeostase — que é essencialmente inconsciente. O que pensamos é parte do que sentimos, e o que sentimos é em grande parte inconsciente.

Até aí nada de novo; a contribuição de Freud sobre o papel do inconsciente é hoje amplamente conhecida. Damásio quase não faz referência à extensa literatura da tradição freudiana. Segundo ele, toda vez que se depara com os trabalhos de Freud, fica dividido entre a irritação e a admiração. Ao que parece a irritação é mais prevalente, pois considera que a mais interessante contribuição de Freud para o tema da consciência foi a formulada em seu último texto, de 1938, que deixou incompleto ao morrer. Nesse texto, Freud afirma que a mente é o resultado natural da evolução, em vasta medida não consciente, interna e inacessível. Só temos acesso a ela por meio da limitada janela da consciência. Essa é justamente a tese de Damásio, segundo o qual a consciência proporciona uma experiência direta da mente, mas o intermediário dessa experiência é um self, que é um informante interno imperfeitamente construído, e não um observador externo confiável como nos parece.

Muito antes de possuirmos mente e consciência, assim como outros seres vivos, já demonstrávamos comportamentos adaptativos e eficientes que poderiam indicar a existência de consciência. Processos conscientes e inconscientes coexistem, mas os processos determinantes para manter a vida são os não conscientes. Assim como nos organismos mais primitivos, desprovidos de conhecimento consciente, nosso ímpeto de adaptação ao meio para viver precede o conhecimento explícito e as deliberações sobre a melhor forma de conduzir a vida. A consciência — nossa capacidade de raciocinar e tomar decisão — é muito menos autônoma e independente, mas sobretudo muito menos importante do que imaginamos.

O que pensamos conscientemente é mais automatizado do que nos parece. Nos humanos, a consciência é mais desenvolvida que em outros animais, mas sua independência é muito menor do que se acredita. Desenvolvemos uma capacidade de estar conscientes sobre o que se passa em nosso ambiente — interno e externo — que nos deu uma vantagem competitiva sobre os organismos que não têm a mesma capacidade. A consciência nos dá de fato uma vantagem na capacidade de adaptação e de sobrevivência, mas é muito menos autônoma do que acreditamos. Aquilo que pensamos conscientemente são quase sempre fórmulas feitas que, de maneira automática, nos afloram diante de determinadas situações.

Daniel Kahneman mostrou como as decisões baseadas no que ele chama de sistema I são decisões automatizadas, que podem induzir a erros sistemáticos, sobretudo quando tratamos de probabilidades. Pois o que Damásio sustenta é que também o que Kahneman chama do nosso sistema II de tomada de decisão, quando paramos para raciocinar utilizando nossa capacidade de análise lógica, embora bem menos automatizado que o sistema i, também não é tão independente quanto se imagina. Mesmo quando superamos a preguiçosa resistência a pôr a cabeça para pensar em vez de responder sem muita reflexão, quando não tentamos apenas adivinhar a solução, somos ainda assim prisioneiros de fórmulas feitas. Da mesma maneira como a grande maioria de nossas funções vitais são automatizadas, puros reflexos sobre os quais não temos controle consciente, também aquilo que é essencialmente consciente, nossa capacidade de raciocinar, é mais puro reflexo do que parece. Aquilo do que tomamos consciência está interconectado de forma complexa, num sistema de múltiplo equilíbrio dinâmico, com todo o nosso organismo.

A consciência é apenas uma formalização, a posteriori, do que ocorre em nosso organismo e no ambiente em que estamos inseridos. Essa consciência, ao contrário do que nos parece, não é todo-poderosa e independente, mas apenas uma instância superior — talvez fosse mais correto chamar de instância posterior — que nos permite organizar e memorizar a experiência orgânica. Segundo Damásio, essa organização consciente da experiência é o que constitui nossa identidade, ou nosso eu, na nomenclatura freudiana. Como somos um sistema único, interconectado de forma complexa e recursiva, o eu não tem a independência que pretende ter. Arrogante, porque seletivo, tudo que nele não está registrado não lhe parece real, nos dá a impressão de que somos únicos e independentes, quando somos apenas parte do todo.

Damásio inverte a hierarquia do nosso conhecimento: não é o que conhecemos conscientemente que tem precedência e relevância, mas, ao contrário, é nosso conhecimento oculto, aquilo que sabemos sem saber que sabemos, que constitui a referência para as atitudes e as intenções da mente consciente. Por mais sofisticada e complexa que nossa consciência nos pareça, nosso conhecimento não consciente é infinitamente mais profundo e complexo. A mente consciente é apenas uma representação simplificada do que sabemos e sentimos de forma não consciente. O cérebro é uma fábrica de representações ou, para ser mais exato, de mapas, pois a mente e a memória são essencialmente visuais. A maior parte da atividade regulatória de nosso organismo, para nos manter em uma faixa de conforto que não represente perigo para a vida, é feita de forma inconsciente. Não nos é possível administrar conscientemente nosso sistema imunológico, por exemplo, pois não teríamos como reagir às oscilações caóticas com a requerida rapidez.

Em trabalhos recentes, Damásio vai além e sugere que o processo de homeostase, de regulação vital, em que estamos inseridos, não se limita ao nosso próprio organismo, mas é parte do ambiente em que vivemos. Nossa capacidade de organização consciente, aquilo que nos dá a impressão de ter uma identidade à parte do todo, é apenas uma ilusão de individualidade e independência. Curioso que por caminhos tão distintos se chegue a conclusões tão semelhantes, que o experimentalismo racional do Ocidente, finalmente, se aproxime das conclusões da intuição espiritual do budismo oriental.

O tema tem implicações filosóficas importantes. Nossa capacidade de livre-arbítrio e, portanto, a responsabilidade pelos nossos atos são postas em questão. Segundo Damásio, pensamos através de fórmulas feitas, de conjuntos pré-fabricados de ideias interconectadas que nossa consciência recupera sob a aparência de raciocínios independentes, mas que em essência é parte do almoxarifado de nossa cultura. Os raciocínios conscientes são reorganizações, a posteriori, das fórmulas feitas que possuímos para enfrentar o mundo. Mas de onde vêm essas fórmulas feitas? Quem as formulou em primeira instância?

São fórmulas feitas, sim, mas em constante processo de revisão. Fossem apenas dicas fossilizadas, já teriam deixado de nos ser úteis, mas são um arsenal em constante revisão. O que faz com que tenhamos uma vantagem competitiva em relação a todos os organismos é que sua revisão é mais rápida do que o processo darwiniano de seleção natural. Apesar de muito menos independente e poderosa do que imaginamos que é, apesar de, ao contrário do que nos parece, ser uma organização a posteriori da experiência, a consciência é um mecanismo extraordinário de produção de ferramentas a serem internalizadas para enfrentar o mundo e seus riscos. A consciência não é uma instância deliberativa, como nos parece, mas sim uma metarrealidade, uma realidade simbólica, em que desenvolvemos fórmulas a serem introjetadas e automatizadas para aprimorar nossa adaptação ao ambiente.

O ponto que nos interessa para a questão do limite à capacidade de aprender e compreender é que nossa capacidade de aprender inconscientemente, nosso inconsciente cognitivo, é muito mais poderoso do que seu equivalente consciente. Sabemos que o aprendizado consciente é computacional, mas é possível que o aprendizado inconsciente não seja exclusivamente computacional.

6. QUEM APRENDE E SE ADAPTA?

Leslie Valiant, que trabalha com complexidade computacional e inteligência artificial, parece estar de acordo com Damásio. O trabalho atual de Valiant usa a complexidade computacional para elaborar o evolucionismo de Darwin. A teoria da seleção natural de Darwin é universalmente aceita como correta pelos biólogos, assim como pela vasta maioria das pessoas instruídas, com exceção de grupos religiosos ou criacionistas radicais. Valiant faz parte dos que consideram que, embora essencialmente correta, a atual teoria darwinista ainda não pode ser considerada uma explicação completa da evolução. No seu estágio atual, o darwinismo precisa ser complementado por um modelo que explique a velocidade a que a evolução progride, desenvolve organismos complexos e os adapta às mudanças de seus ambientes. Ainda não foi possível demonstrar como e por que meras mutações aleatórias conseguiram se tornar organismos complexos numa escala de tempo plausível. A teoria da evolução não está no mesmo nível de outras teorias contemporâneas, como a física newtoniana ou a teoria da relatividade de Einstein, que fazem previsões quantitativas passíveis de verificação empírica. Na sua formulação atual, a teoria da evolução não é capaz de explicar quantitativamente o passado, muito menos fazer previsões verificáveis sobre o futuro.

A questão de como organismos biológicos complexos podem ter evoluído, a partir de determinado tamanho de população e em certo período, não tem resposta adequada na atual teoria da evolução darwinista. Temos um programa genético que descreve as condições e as concentrações em que mais de 20 mil proteínas devem estar presentes em cada célula a cada momento. Pequenos equívocos na descrição do programa de regulação ou da concentração das proteínas podem ameaçar a sobrevivência. Até hoje não se tem uma explicação quantitativa de como mecanismos tão complexos, com tantas partes interligadas, conseguem se manter estabilizados em ambientes cambiantes e são capazes de evoluir para formas ainda mais complexas.

Não há evidência de que o simples processo de seleção natural através de mutações aleatórias tenha gerado os organismos complexos que observamos na natureza na velocidade requerida. A competição pode ter um papel essencial, mas talvez não seja suficiente. Valiant é um cientista darwinista, passa longe de todo tipo de criacionismo, mas considera que é preciso complementar o processo de seleção natural. Sugere que a resposta está em tratar o processo de evolução não como um processo competitivo meramente aleatório, mas como um processo competitivo de aprendizado. Se a evolução for um processo de aprendizado, é preciso que tenha um objetivo, e este objetivo é melhorar o desempenho do organismo no ambiente em que está inserido. Para Valiant, a evolução biológica deve ser entendida como um processo de aprendizado com o objetivo de melhorar o desempenho. Esse processo equivale ao de algoritmos de computação, capazes de fazer inferências sobre o sistema no qual estão inseridos, sem intervenção de um programador. A análise de como processos puramente computacionais podem levar ao aprendizado, sem intervenção intencional externa, é objeto de estudo da área da complexidade computacional.

Segundo Valiant, a evolução é um processo de aprendizado para melhorar o desempenho, com base em pura indução, sem conhecimento teórico do todo. Quem aprende não somos nós, representados por aquilo que entendemos ser, nossa identidade, nosso ego, mas nossa genética. A grande maioria do repertório de respostas aprendidas pela evolução é puro reflexo. O comportamento inteligente não é exclusivamente reflexo, mas é essencialmente reflexo de um aprendizado indutivo computacional. Existe algo mais, que se pode chamar de raciocínio consciente, mas é bem provável que a capacidade humana de raciocinar, à qual damos tanta importância, seja quase irrelevante para a sobrevivência e a evolução.

É possível que o raciocínio lógico possa servir apenas para solucionar enigmas conceituais. Nossa tão admirada capacidade de raciocinar seria assim relevante apenas para questões menos significativas. O campo da matemática que estuda a complexidade de processos computacionais abre novas portas para a compreensão de fenômenos como o aprendizado, a inteligência e a evolução. Processos cognitivos são computacionais, no sentido de que devem ser adquiridos por meio de algum algoritmo de aprendizado, antes ou depois do nascimento. Existe uma interação entre o mundo, nossas mentes e nossas memórias de longo prazo. Nós, definidos como a representação que fazemos de nós mesmos em nossos circuitos cerebrais, temos algum controle sobre o fluxo de informações que passam pelas nossas mentes, mas que não podem ser consideradas neutras nem objetivas.

Os circuitos de nosso sistema nervoso, que detêm nosso banco de conhecimentos, são resultado do processo de evolução e aprendizado. Podem ser vistos como um grande circuito que faz computações elaboradas, sobre o qual sabemos ainda muito pouco. Nosso conhecimento é acumulado por intermédio de uma série de modificações sucessivas, equivalentes a um processo de aprendizado. Operamos com circuitos e programas que são resultado de um aprendizado indutivo, sem teoria. Ao raciocinar, usamos esses mesmos circuitos cerebrais para analisar determinada situação, com base em alguma teoria, que também tem origem num processo de aprendizado indutivo mecânico. A mente humana é, portanto, muito mais simples do que nos parece. Como qualquer outro organismo vivo, aprendemos por indução mecânica. A consciência e a capacidade de raciocínio lógico, das quais tanto nos gabamos, são derivadas dos processos reflexos de aprendizado e de tomadas de decisão e menos relevantes do que pretendemos. Quem sustenta o contrário tem uma visão excessivamente otimista das nossas reais capacidades.

Somos bons para resolver velhos problemas, para os quais já temos as soluções codificadas, embora não conscientes, mas somos muito pouco competentes para resolver problemas novos quando eles surgem. Quase sempre usamos variações de soluções para problemas conhecidos. Por mais impressionante que nos pareça, o progresso da ciência só foi possível porque nos beneficiamos de uma impressionante regularidade do mundo. Cientistas excepcionalmente talentosos e inovadores como Newton, Darwin, Einstein e Turing levantaram novas questões, conseguiram dar respostas, mas se beneficiaram de uma impressionante e surpreendente unicidade das ciências. A estabilidade do universo, nosso conhecimento não consciente, acumulado ao longo da evolução, fazem com que a lógica das descobertas científicas seja menos impressionante do que quer crer nossa vaidade. Só descobrimos o que já sabemos, apenas o tornamos consciente e organizamos em teorias o que já sabíamos sem teoria.

Damásio, oriundo da neurologia, e Valiant, oriundo do estudo da inteligência artificial, chegam assim a conclusões semelhantes. A diferença parece estar no fato de Damásio deixar em aberto a possibilidade de haver mais do que pura computação no aprendizado inconsciente, enquanto para Valiant mesmo o aprendizado genético é puramente computacional.

7. SÓ A EXPERIÊNCIA ENSINA

Língua, memória, noção de identidade individual e capacidade de raciocínio analítico nos deram vantagens competitivas em relação a outras espécies. A racionalidade consciente permitiu-nos criar todo tipo de instrumentos para enfrentar o mundo. Nossa capacidade de raciocinar de forma lógico-dedutiva é a origem de todo o impressionante progresso tecnológico que fomos capazes de acumular até hoje. Não há como negar que tenha servido para nos dar acesso a ferramentas, à tecnologia, que nos permitiu um inusitado domínio sobre nosso meio, mas não há evidência de que, no longo prazo, nos dê uma vantagem competitiva sobre os seres menos conscientes. Nossa sofisticação, decorrente da estabilidade de nosso meio, da regularidade que nos permitiu até mesmo desenvolver uma compreensão consciente, pode ser uma vantagem competitiva apenas enquanto durar a estabilidade do mundo. Se houver alguma mudança brusca do meio onde vivemos, nossa capacidade de sobrevivência pode ser menor do que a de organismos mais simples. A sofisticação que desenvolvemos com a estabilidade pode vir a se tornar uma fragilidade, caso as regularidades onde as desenvolvemos venham a desaparecer. Pretendemos gostar de mudanças, ser competentes para nos adaptar a situações novas, mas a verdade é que tudo o que sabemos e que somos, toda nossa complexa sofisticação só pôde ser desenvolvida pela regularidade do mundo, e só nos é útil num mundo estável.

A consciência permite que nos auto-observemos, permite-nos refletir sobre quem somos e até mesmo perceber as limitações da própria consciência. Que a razão possa se autoanalisar e concluir pela existência de limites à sua ação é extraordinário. Mas a consciência é apenas uma parte ínfima do que somos. Parece-nos ser muito mais do que realmente é, porque tudo que não é consciente não nos parece existir. A consciência é narcísica e arrogante, só registra o que passa por ela, tudo que nela não está registrado não lhe parece real. Apesar de um impressionante observador, a consciência é apenas uma parte do nosso todo. Sabemos infinitamente mais do que aquilo que sabemos conscientemente e, sobretudo, aprendemos infinitamente mais de forma inconsciente, possivelmente até mesmo de forma genética, do que aprendemos conscientemente.

Nosso aprendizado é essencialmente não consciente, por intermédio de adaptação às mudanças do nosso meio ambiente. É um aprendizado adaptativo, que assim como as expectativas adaptativas, relegadas pela ortodoxia econômica das últimas décadas, é fundamentalmente baseado no passado. Só aprendemos o que sentimos e experimentamos, portanto só aprendemos com o passado. Só a experiência, sobretudo inconsciente, é capaz de modificar nosso comportamento. Tudo que somos capazes de aprender por raciocínio lógico-dedutivo, que passa pela consciência, embora capaz de nos dar indicação de como as coisas podem evoluir, não modifica nosso comportamento, não é verdadeiramente aprendido, porque fica restrito à insignificante instância da consciência. Embora a consciência seja lógica, somos muito mais do que a consciência. Somos essencialmente ilógicos. A lógica e a ordem nos reconfortam porque são conscientemente inteligíveis, mas o mundo não é nem lógico nem ordenado.

Expectativas racionais, lógicas, podem ter um apelo irresistível para o nosso raciocínio consciente, mas não representam a forma como aprendemos, nem como formamos expectativas, que são essencialmente *backward-looking*, voltadas para o passado. Compreende-se que quando usamos modelos nos quais haja expectativas racionais, formadas de acordo com as regras da lógica, os resultados sejam flagrantemente irrealistas e estéreis. Expectativas logicamente consistentes, com toda a informação disponível e com os modelos analíticos da realidade, podem ser efetivamente racionais, mas não são verdadeiramente inteligentes.

A consciência é uma faca de dois gumes. Faz-nos cientes de nossos limites e de nossa irracionalidade. Deu-nos a vantagem de uma inusitada capacidade de interferir no nosso universo, mas é fonte de toda a angústia, ao nos tornar cientes de nossos limites, da inevitabilidade da morte. Faz-nos instrumentalmente poderosos, mas incapazes de acelerar o aprendizado sobre o que de fato conta. Capazes de compreender nossa insensatez, mas incapazes de agir antes da materialização dos desastres. Talvez por isso mesmo tenha a permanente tentação de impor ao mundo a ordem da qual ela não pode prescindir.

Em busca do heroísmo genuíno

Descobrir é ver o que todos viram e pensar o que ninguém pensou.
Albert Szent-Györgyi

1.

Max-Paul Fouchet, amigo de Albert Camus, conta que, quando jovens, tinham o costume de, nas manhãs de domingo, pegar um ônibus em Argel, onde moravam, para ir a uma vila ali perto, no alto da montanha, cujo nome — Bouzaréah, "o beijo do ar" — os encantava. De lá, iniciavam uma longa caminhada colinas abaixo, em direção ao mar. Numa dessas manhãs, já na avenida à beira-mar, ouviram gritos e lamentos. Quando se aproximaram, perceberam um grupo de pessoas em torno do corpo de uma criança atropelada. Enquanto vizinhos e parentes choravam inconformados, a mãe, na tradição árabe, dava longos gritos de desespero. Os dois amigos se afastaram em silêncio. Alguns metros à frente, Camus parou, apontou para o céu exageradamente azul e disse:

— Você vê, ele não diz nada.

A tragédia tornava o silêncio ainda mais inexplicável. O sentimento do absurdo, que está em toda a obra de Camus, sobretudo em *O mito de Sísifo* e *O estrangeiro*, advém de nossa incapacidade de compreender. Pois, como diz Camus (2004),

> Um mundo que se pode explicar, ainda que com raciocínios errôneos, é um mundo familiar. Mas num universo repentinamente privado de ilusões e de luzes, o homem se sente um estranho. É um exílio sem solução, porque está privado das lembranças de uma pátria perdida ou da esperança de uma terra prometida. Esse divórcio entre o homem e a vida, o ator e seu cenário, é propriamente o sentimento do absurdo.

2.

Sempre se acreditou na existência de dois mundos: um mundo visível, subordinado, onde se vive, e um mundo invisível, superior, que tudo determina. Tanto para as civilizações primitivas quanto para os clássicos, assim como para as civilizações orientais e para o cristianismo, a noção de dois mundos era inquestionável. Serviu de fundamento para todo o edifício da cultura. Não mais. A partir do século XVII, com o Iluminismo que deu início à modernidade, assistimos ao gradual desaparecimento da dimensão do invisível. A valorização da razão e da mentalidade científica transformou o universo do visível na única dimensão aceitável. Para o homem contemporâneo, só o que é passível de verificação na realidade — os fatos — constitui matéria válida para o entendimento do universo. Hoje há um claro sentimento de superioridade em relação à visão dos pré-modernos. Qualquer vestígio da dimensão do invisível, especialmente se a ela for atribuída poderes superiores de interferência na realidade, é considerada irracional, mera superstição, resquício do pensamento mágico primitivo.

Liberar-nos do jugo do universo do invisível — ou, mais corretamente, daqueles que se arvoram como seus intérpretes — foi a grande contribuição das Luzes para a humanidade. Mas como tudo tem, pelo menos, dois lados, a questão existencial para a qual a visão dos dois mundos tinha resposta foi reaberta: por que então as coisas são como são?

A pergunta é a mesma feita há três séculos por um dos maiores expoentes da brigada da razão, o alemão Gottfried Wilhelm Leibniz. Filósofo e matemático, Leibniz foi o inventor, quase simultaneamente com Newton, mas de forma independente e com uma notação mais prática, do cálculo matemático, o que teria bastado para elevá-lo ao panteão dos mais importantes intelectuais de todos os tempos. Depois de uma longa vida de impressionante fecundidade intelectual, em 1714, aos 68 anos, dois antes de morrer, Leibniz escreveu seu último ensaio filosófico, "Princípios da natureza e da graça fundados na razão", em que desenvolve o chamado "princípio da razão suficiente", segundo o qual para tudo há uma explicação. Tendo chegado à conclusão de que toda pergunta tem uma resposta, Leibniz sustenta que a primeira pergunta a ser feita é: "Por que existe algo e não apenas o nada?". Assim como René Descartes antes dele, justamente considerado o primeiro nome da revolução racional, o fato de figurar entre os maiores expoentes da razão não impediu a Leibniz de professar até o fim da vida a fé em Deus. Para Leibniz, sua pergunta — por que existe algo e não apenas o nada — tinha resposta inequívoca: Deus, motivado pela sua infinita bondade e guiado por sua livre vontade, criou o mundo.

Depois de formular o princípio de que tudo tem uma explicação, de que toda pergunta tem uma resposta, Leibniz se viu logicamente obrigado a responder a pergunta seguinte: qual a razão da existência de Deus? Sua resposta foi que, à diferença do universo, que tem existência contingente, a existência de Deus não requer explicação, ou melhor, é a sua própria explicação. Deus existe porque existe, contém nele mesmo a sua razão de existir, e assim sua não existência seria uma impossibilidade lógica. Não é preciso muita reflexão para perceber que a circularidade do argumento viola o princípio da razão suficiente. De fato, a solução de Leibniz para se livrar da imposição de responder por que algo existe não foi longe. Ainda no século XVIII, filósofos como David Hume e Immanuel Kant denunciaram a fórmula de Leibniz, a noção de algo cuja existência é logicamente necessária. Existem coisas cuja existência é logicamente impossível, como um círculo quadrado, mas não existem coisas cuja existência é logicamente necessária. Como argumentou Hume, tudo que se pode conceber como existindo é igualmente passível de ser concebido como não existindo; logo, não há nada cuja não existência implique uma contradição lógica.

Nem Hume nem Kant, entretanto, levaram muito a sério a pergunta "Por que existe algo e não apenas o nada?". Para Hume, bem ao estilo pragmático dos intelectuais ingleses, toda pretensa resposta seria uma ilusão ou um sofisma, pois ela nunca poderia se basear na nossa experiência da realidade. Para Kant, a tentativa de explicar a existência do todo implica, forçosamente, uma extensão ilegítima dos conceitos de que dispomos para estruturar nossa experiência da realidade. Conceitos como os de causalidade e temporalidade não podem ser utilizados para explicar questões ontológicas. A essência das coisas em si mesmas está além da nossa experiência, limitada no tempo e no espaço. De uma forma ou de outra, quase todos os filósofos da modernidade chegaram a conclusão semelhante. Schopenhauer foi mais longe, tachou de vaidosos impostores, ou apenas tolos, todos os que pretendem ter respostas para a pergunta de Leibniz. Para dois dos mais importantes filósofos do século xx, Martin Heidegger e Ludwig Wittgenstein, a questão, embora da mais alta relevância, não pode ser respondida.

O consenso filosófico não impediu que o avanço da física, da cosmologia especialmente, no século xx, criasse a expectativa de que se seria possível chegar a uma teoria de tudo e reacendesse o interesse na pergunta. O livro de Jim Holt *Por que o mundo existe?* (2013) percorre de forma acessível e agradável o caminho dos cientistas e dos filósofos que continuam a se dedicar de uma forma ou de outra à questão. Holt se pergunta o que seria a teoria de tudo, o que a teoria definitiva poderia nos dizer sobre a origem do universo. Sendo uma verdadeira teoria de tudo, conseguiria se autoexplicar, demonstrar por que ela mesma é verdadeira? Para Holt, ninguém mais bem qualificado para responder a tais perguntas do que Steven Weinberg, ganhador do Nobel de física em 1979, considerado o pai do chamado modelo básico da física das partículas, figura central no esforço de formulação de uma Teoria de Tudo. Em 1993, Weinberg publicou *Sonhos de uma teoria final*, em que procura explicar o que está envolvido na busca da unificação das leis da física. Pois Weinberg, em conversa com Holt (2013), afirma não acreditar que haja respostas para as perguntas "por que as coisas são como são?", "por que as leis da física são de um jeito e não de outro?". Para ele, estaremos para sempre condenados a esse sentido de mistério. "É parte da tragédia humana: estamos diante de um mistério que não podemos entender."

3.

Depois de um relativo otimismo sobre a possibilidade de compreensão definitiva da formulação da teoria de tudo, também os físicos se renderam. Allan Sandage, considerado o pai da moderna astronomia, reconhece que a ciência não tem respostas para as perguntas mais profundas. Tão logo nos perguntamos por que existe algo e não apenas o nada, estamos além da ciência. O biólogo Julian Huxley afirma que, para o benefício da humanidade, a ciência removeu o véu obscuro do mistério da maior parte dos fenômenos para nos confrontar então com o mais básico e universal dos mistérios: nossa existência. Por que o mundo existe? Por que coexistem uma dimensão subjetiva, mental, e uma dimensão objetiva, física? Não sabemos e temos que aprender a aceitar nossa existência como um mistério.

O homem moderno, encorajado pelo sucesso da razão como instrumento para compreender o mundo material, decidiu se livrar da velha concepção dual do mundo e demonstrar que o mundo imaterial não existe. Ainda que o consenso hoje considere que a essa demonstração também não é possível, que ela está além da ciência e da razão, para todos os efeitos a modernidade aboliu o universo do invisível. Perdemos a resposta tradicional para a nossa existência, mas não temos nenhuma outra para substituí-la. Temos que nos resignar com a falta de resposta para a primeira e mais importante de todas as perguntas: por que existimos? O leitor menos paciente com especulações filosóficas — caso tenha chegado até aqui — poderá argumentar que, sinceramente, pouco importa por que o mundo existe; o que importa é viver bem e ser feliz. Aí é que está o problema: as duas coisas são indissociáveis. Sem resposta para a razão de nossa existência, não temos como saber o que é viver bem e ser feliz.

Compreende-se por que a visão dualista da existência tem sido preponderante por toda parte e por tanto tempo. As vantagens de acreditar nos dois mundos não são poucas. Não há mais perguntas sem respostas, o mundo do invisível tem precedência, explica e justifica o mundo do visível. As almas mais atormentadas pelas questões filosóficas especulativas são tranquilizadas. Ainda mais relevante para todos é que a existência de um mundo superior dá razão de ser e determina uma forma de agir para os que vivem no mundo inferior. Nossa presença no mundo material é transitória, um palco com entrada por um lado e saída pelo outro, em que a peça a ser encenada e nosso papel nela são claros: celebrar os poderes do mundo superior para que nos ajudem a fazer a travessia. Nas sociedades pré-modernas, o principal dever de todos é homenagear os seres do mundo superior, celebrar a glória dos deuses. O objetivo da vida, pautada por rituais bem definidos, é agradar e homenagear os espíritos do mundo superior. O que pode nos parecer uma forma perversa de tirania — o que de fato era — tem um aspecto positivo e de suprema importância: a vida tem sentido claro. Tudo toma outra dimensão, pois tem repercussão numa esfera superior, sagrada. Daí a oração de Blaise Pascal, que pede a Deus que o ajude a fazer as grandes tarefas como se fossem pequenas, porque as fazia com o Seu poder; e que o ajude a fazer as pequenas tarefas como se fossem grandes, porque as fazia em Seu nome. Para o homem pré-moderno das sociedades primitivas e tradicionais, a vida, até mesmo nas tarefas mais rotineiras e insignificantes, estava imbuída de um senso de heroísmo cósmico que lhe dava sentido.

Não temos como prescindir de um sistema de valores para pautar a vida. A função primordial de todo o edifício da cultura é prover um ideal heroico que dê sentido à vida e nos permita distinguir a vida bem vivida da mal vivida. Sem a dimensão de um mundo superior, do sagrado, não há mais um único sistema consensual, mas uma infinidade de heroísmos possíveis. Cada qual escolhe ser herói ao seu jeito. É sempre possível argumentar que o fato de termos nos livrado da tirania do sagrado, de estarmos livres para escolher nosso heroísmo individual, é um avanço. A liberdade é melhor que a tirania, mas como o consenso é melhor que o conflito, ganha-se por um lado e perde-se por outro. Sem consenso sobre os valores básicos, o problema da vida a ser vivida e da vida em comum — especialmente num mundo globalizado — adquire nova complexidade.

4.

Como sustenta de forma provocadora e brilhante Ernest Becker em *The Birth and Death of Meaning*, livro publicado originalmente em 1962, todo sistema heroico é arbitrário, essencialmente uma ficção criada para dar resposta ao problema existencial. Ernest Becker foi professor de antropologia, filosofia e psicologia, numa tumultuada carreira acadêmica pelas universidades americanas nos anos 1960. Morreu aos cinquenta anos, em 1974, logo depois de publicar *A negação da morte*, um ensaio inspirado no que aprendemos até hoje sobre a alma humana. Meses depois da morte do autor, o livro ganhou o prêmio Pulitzer e mereceu também uma cena no filme *Noivo neurótico, noiva nervosa* (*Annie Hall*), de Woody Allen.

As respostas que damos ao problema de nossa existência, nossa noção de tempo, espaço e poder, a forma como nos relacionamos com a natureza e com outros seres humanos, todo nosso sistema de significados e valores, é uma ficção. É evidente que se nosso sistema de significados e valores fosse disfuncional, o processo evolutivo já nos teria banido da face da Terra, mas o fato de ser funcional não lhe garante validade ontológica, não o impede de ser arbitrário e ficcional. Nosso sistema de heroísmo, nossa visão de mundo, ao menos em seus pilares, raramente é submetido a teste contra a realidade. O mundo é condescendente, sempre nos tratou relativamente bem, deu-nos condições de sobrevivência e evolução, a despeito dos nossos sistemas de valores. Becker sustenta que esse largo espaço que a natureza sempre deu para a fantasia cultural se reduziu de forma drástica a partir das últimas décadas do século xx. Mas antes de examinar por quê, voltemos à questão do caráter ficcional de nosso sistema de valores.

As aspirações humanas são uma ficção, um sistema de significados que nos permite viver numa realidade simbólica, que nos liberta da tirania do presente, do estímulo do momento ao qual estão aprisionados todos os outros seres vivos. Mas a liberdade conquistada pela consciência, estruturada num sistema de valores simbólicos, tem um preço: estamos obrigados a proteger a fragilidade intrínseca de nossa estrutura emocional, a negar a artificialidade dos valores que a constituem. A ficção cultural não é uma construção supérflua que possa ser descartada para que a vida continue mais perto da realidade, como para os demais animais. Nossa ficção simbólica é nossa realidade. Não temos como nos livrar dela sem deixar de ser humanos. É essa contradição — prisioneiros de uma realidade ficcional — que tanto nos perturba. Por isso tentamos desesperadamente negar seu caráter arbitrário e ficcional.

O desenvolvimento de um sistema simbólico e da consciência é provavelmente resultado do processo evolutivo. Por mais admirável que seja, é ainda mais impressionante que tenhamos podido também compreender seu caráter ficcional. É extraordinário o fato de termos enxergado através de nós mesmos, nos autoanalisado até compreender que nossa realidade e nossa identidade são uma ficção, quando isso nos causa tanta ansiedade que utilizamos todas as nossas forças para negá-lo.

Por que é tão vital negar o caráter ficcional de nosso sistema de valores? Por que toda cultura tem rituais e cerimoniais cujo único objetivo é reforçar sua pretensão à verdade definitiva? Por que outras culturas nos desagradam, parecem-nos risíveis ou absurdas, merecedoras de nosso desprezo? A resposta é que o caráter ficcional e arbitrário, que não vemos em nossa própria cultura, nos salta aos olhos em culturas que não a nossa. Uma vez revelado o caráter ficcional da cultura, perdemos o sentido heroico da vida, sem o qual ela não tem sentido. Por mais que nos esforcemos, a consciência de que só podemos aspirar a ser herói de uma peça de ficção é profundamente perturbadora, pois apenas o verdadeiro heroísmo dá sentido à vida. Mas se abandonamos nossa ficção simbólica, voltamos a ser um animal como qualquer outro, sem identidade nem consciência, aprisionado ao momento. Essa é uma regressão que não nos é mais possível fazer. Daí o paradoxo trágico da condição do homem contemporâneo. Depois de desacreditar o mundo superior do invisível e compreender o caráter ficcional de seu sistema de valores, está consciente da sua individualidade e finitude, mas é incapaz de dar sentido à vida. A única saída seria compreender de uma vez o universo, saber de onde viemos e para onde vamos. Poderíamos então aceitar a morte, porque teríamos usado nossa ficção simbólica, para tudo compreender. Esse é o apelo da teoria de tudo. Infelizmente, parece haver consenso de que ela está além de nossa capacidade.

5.

A consciência cria um problema: não se pode mais aceitar passivelmente a existência. O milagre da criação do mundo e de nossa própria criação se torna uma questão a ser explicada, não pode mais ser acatado sem questionamento. É um fenômeno tão impressionante que, uma vez conscientes dele, ou encontramos uma explicação apaziguadora, ou passamos a viver enfeitiçados por ele. Por isso as crianças perdem tão rapidamente seu poder de se admirar, de se encantar com o mundo. Elas não têm alternativa; viver de forma eficiente exige que se abdique do deslumbramento. É preciso anestesiar nossa perplexidade. A atualidade de Søren Kierkegaard, ensaísta filosófico sueco, considerado o precursor do existencialismo, advém do fato de que ele, melhor que ninguém, percebeu que a construção de nossa identidade é uma defesa contra a impotência, contra o nosso pavor de não ter explicação para a existência, o que ameaça nos levar à loucura. Becker considera que Kierkegaard é também precursor dos autores fundamentais da psicanálise, como Sigmund Freud, Alfred Adler, Wilhelm Reich, Norman Brown, Erich Fromm e Otto Rank, para quem toda a cultura é uma tentativa de isolar a ansiedade enlouquecedora que resulta da contradição da condição humana, da consciência simultânea da identidade e da finitude. Os dois grandes medos dos homens, segundo Rank, o medo de emergir para a vida e o medo de descer para a morte, são o tema do precursor livro de Kierkegaard, *Sickness unto Death* [Doença até a morte]. De forma magistral, Kierkegaard descreve os tipos de identidades — que hoje chamaríamos neuróticas — passíveis de ser desenvolvidas para nos protegermos do duplo e contraditório medo de viver e de morrer. Como a psicologia — e a literatura antes dela — nos ensinou, aceitar os papéis reservados pela cultura, vestir uma das máscaras do heroísmo padronizado da peça de nossa ficção cultural, são formas eficientes de nos proteger do desespero da falta de sentido. Um processo de integração que a grande maioria de nós faz sem questionamento desde a mais tenra idade e que só pode ser revisto, em algum momento na vida, por meio de uma crise de grandes proporções. Crises que, como na literatura de Camus e no *Rei Lear*, de Shakespeare, têm conotações suicidas, que lhes dão uma dimensão de renascimento. Um renascimento que nos deixa sós e desamparados, mas que nos devolve o sentido de deslumbramento que a armadura da cultura asfixia, como o preço cobrado para bloquear a ansiedade.

O grupo reconforta, a multidão é corajosa e otimista. Se vivemos todos a mesma ilusão, ninguém há de nos denunciar. Otto Rank sustenta que todos os nossos problemas advêm da sistemática tentativa de impor nossa ficção cultural à natureza, de controlar nosso ambiente. A tese é um passo além de Freud, pois Rank, como Reich e outros, estenderam o questionamento freudiano às mentiras individuais também para as mentiras culturais, que construímos com a mesma intensidade. Não existe apenas uma loucura individual, mas também a loucura coletiva, que é bem mais resistente ao escrutínio analítico. Como disse Albert Szent-Györgyi, o prêmio Nobel de medicina húngaro, ao condenar toda a humanidade no livro *O macaco louco*: o homem contemporâneo nega sua finitude com a mesma dedicação com que os antigos faraós do Egito a negavam, mas hoje há uma massa de bilhões de pessoas dedicadas à tarefa, com um arsenal muito mais poderoso de técnicas.

Segundo Becker, o grande avanço da teoria contemporânea da insanidade mental é percebê-la como uma forma de estupidez, uma limitação de percepção, uma obtusidade que impede de ver o mundo como é. Não se trata, portanto, de uma doença no sentido médico, mas uma incapacidade de atribuir prioridades corretas à realidade. Num extremo está o neurótico, que para se proteger do excesso de possibilidade digere frações ínfimas da realidade; no outro, o psicótico, que, incapaz de estabelecer limites, digere realidade em excesso. Portanto, sociedades incapazes de perceber limites, incapazes de agir de acordo com suas prioridades, são mentalmente doentes, são sociedades psicóticas. Por isso Ruth Benedict classificou certas culturas primitivas — e foi criticada por passar julgamento — como paranoicas e outras como megalomaníacas. A referência de saúde mental e emocional, tanto individual quanto social, deve sempre partir da compreensão do que é real, o que exige escapar da camisa de força da ficção cultural. O antropólogo Meyer Fortes, em *Transcultural Psychiatry*, de 1965, afirma que "ver o que é real" é a grande questão que surge dos estudos transculturais. Mas, como pergunta Becker, podemos aspirar a compreender um problema evolucionista dessa dimensão, já que nós mesmos estamos imersos na cultura que dá forma à nossa percepção da realidade, já que também somos parte da ficção da normalidade, da mentira que nos protege do desespero?

6.

A história da humanidade, toda a evolução humana, pode ser vista como uma tentativa de compreender a realidade, de entender como as coisas são e se inter-relacionam. Por tentativa e erro, aquilo que funciona para nos satisfazer e garantir a sobrevivência passa a ser considerado certo e verdadeiro; o que não funciona é visto como errado e falso. À medida que o edifício da cultura vai sendo erguido, que os ritos e os códigos morais vão sendo estabelecidos, elaboram-se as teorias sobre o bem e o mal, tenta-se separar o real do ilusório. Como era de se esperar, grande parte das relações de causa e efeito apreendida pelas sociedades, das mais primitivas às mais sofisticadas, como os gregos e os romanos, era falsa, algo que os estatísticos hoje chamariam de correlações espúrias. Nossa necessidade de compreender, nossa ânsia por causalidades, nos leva a vê-las por toda parte, onde há apenas aleatoriedade. Para nós é tão importante ver causalidades e correlações que, para não perder a oportunidade, as vemos onde não existem. Para minimizar a probabilidade de rejeitar uma causalidade verdadeira — o que em estatística se chama de erro de tipo um —, terminamos por acatar um alto número de falsas causalidades, ou seja, alta frequência de erros de tipo dois. A superstição é resultado de nossa ânsia por correlações e causalidades, de nossa necessidade de ver ordem compreensível onde não há.

A grande ruptura com a superstição, com a recorrente dominância do autoengano, veio com o Iluminismo. Foi a primeira vez que o homem se perguntou, de forma ordenada e racional, como são as coisas, como funciona a realidade. Cabe então a pergunta: por que, durante tanto tempo, não fomos capazes de compreender melhor o funcionamento das coisas? Por que até hoje há uma feroz resistência a ver as coisas como são? Grande parte do esforço nas áreas da psicologia e da sociologia pode ser interpretada como a tentativa de responder a essas perguntas. É de fato impressionante que tenhamos conseguido vislumbrar a resposta. Toda a ciência social, do século XIX até hoje, é uma tentativa de compreender e de se livrar de falsas correlações e causalidades, da superstição que constrange a liberdade humana, de todo tipo de ideias, crenças e instituições que impedem os homens de pensar e agir por conta própria. O ensaio de Ralph Waldo Emerson, "Self-Reliance" [Autossuficiência], de 1841 — que para ser coerente com ele não deveríamos citar —, resume de forma magistral o fato de que todo caminho deve ser percorrido por conta própria. Ao percorrer estradas já percorridas, embora possa parecer que haja avanço, muito ao contrário, anestesia-se a capacidade de ver e avançar. Mas sejamos pacientes, voltemos ao porquê da resistência a ver as coisas como são.

A pergunta fundamental é: o que é realidade? Como distinguir o que é real do que é ilusório? A dimensão, literalmente sobre-humana, da tarefa fica clara quando nos damos conta de que todo nosso edifício cultural, nosso sistema de valores, ou como Becker prefere chamá-lo, nosso sistema heroico, é uma construção ficcional. Estamos — ou melhor, somos — seres limitados, cuja capacidade sensorial desenvolveu-se através da evolução, imersos num planeta que é uma parte infinitesimal do universo. Como poderia nossa sensibilidade apreender o todo onde estamos imersos? Não é possível, como conclui com uma ponta de melancolia Steven Weinberg; é parte da tragédia humana. É preciso saber quando desistir, para não cair na definição de loucura — atribuída a Einstein — que é repetir sempre a mesma experiência, na esperança de um resultado diferente. A saída, verdadeiramente revolucionária, como toda revolução no campo das ideias, vem com uma mudança de perspectiva, com a capacidade de ver sobre um novo ângulo. Já que não nos é possível saber o que é real, a alternativa é poder distinguir o que é falso. No caso dessa revolução, talvez a mais importante de toda a história das ideias, um nome se destaca: o de René Descartes.

O discurso do método, em que Descartes expõe sua proposta *"pour bien conduire la raison et chercher la verité dans les sciences"*, foi publicado pela primeira vez em junho de 1637 — uma ruptura com a tradição escolástica que é revolucionária porque eleva a dúvida ao primeiro posto de toda a empreitada intelectual. Imersos num todo do qual somos parte infinitesimal, aprisionados numa construção ficcional barroca, resultado do desespero diante da nossa impotência, é preciso começar do princípio, de tudo duvidar até prova em contrário. Não temos como saber o que é real, mas por meio da experimentação racional podemos saber o que é falso. Essa é a premissa da modernidade que devemos ao gênio de René Descartes. O esforço de Descartes, com justiça considerado o precursor do Iluminismo e da modernidade, para se livrar do fardo do preconcebido levou-o à sua famosa primeira inferência: penso, logo existo. A língua portuguesa, que permite o sujeito oculto, colabora para que não se perceba que há uma pressuposição inquestionada na inferência primeira de Descartes. Em francês no original — o que já era uma quebra com a tradição dos textos eruditos, sempre escritos em latim —, "*Je pense, donc j'existe*" explicita o eu da identidade individual. Para ser mais rigoroso com seu método, Descartes deveria ter duvidado também do eu que pensa. Deveria ter começado com: existem pensamentos, logo algo existe. Nossa incapacidade de escapar da identidade, de nosso eu, que nos parece a realidade primeira, é parte relevante — talvez a mais relevante — de nossa incapacidade de perceber e compreender. Muito antes da moderna psicologia, o pensamento oriental, sob a influência do outro grande gênio revolucionário que foi Sidarta Gautama, o primeiro a intuir a prisão ilusória da identidade, já tinha incorporado a noção de que é preciso atenuar e relativizar a identidade para nos livrarmos do preconcebido. Schopenhauer, exposto à filosofia oriental, foi o primeiro pensador ocidental a relativizar a consciência e a identidade individual.

7.

Toda a psicologia moderna, nas suas diferentes vertentes, é dedicada ao problema do descompasso entre percepção e realidade. Assim como a psicologia é uma tentativa de nos livrar das ilusões individuais, a antropologia e a sociologia são em grande parte esforços para nos liberar das ilusões coletivas. Ilusões e equívocos, ficções individuais e coletivas, se entrelaçam para criar certos tipos de personalidades e de sociedades. Constituem um processo, transmitido e reforçado de geração a geração, que para ser preservado, para evitar a denúncia do seu caráter arbitrário e ficcional, nos impede de ver a realidade.

Em *O coração do homem*, livro de 1964, Erich Fromm, filósofo associado à Escola de Frankfurt, sustenta que existem três fontes primárias da autoilusão, do bloqueio construído contra a realidade. Fromm é relativamente esnobado, como um autor menor, sobretudo depois do sucesso popular de *A arte de amar*, livro de 1956 que pode ser lido como parte da subliteratura da autoajuda, mas sua classificação é ilustrativa.

A primeira advém do processo de simbiose com a mãe pelo qual passa toda criança. Crescimento e amadurecimento podem ser entendidos como um processo de ruptura com essa simbiose. No entanto, como se trata de uma ruptura dolorosa, pois somos forçados a abandonar o que nos parece uma confortável e poderosa proteção, desenvolvemos uma patologia da percepção, cuja primeira característica é a ausência de confiança em nossa própria percepção. Em busca de um substituto para a simbiose materna, continuamos obcecados por encontrar uma fonte externa de direção e proteção, alguém que nos diga como e por que viver. O primeiro substituto encontrado é a autoridade paterna, que depois ao longo da vida estamos sempre ávidos por reencontrar, o que nos leva a procurar ídolos, a nos submeter a todo tipo de liderança, com espantosa e alegre submissão.

A segunda caraterística da patologia da percepção que também advém do narcisismo se expressa como o medo e a necessidade de denegrir o outro, o estrangeiro, quem não pertence à nossa família, ao nosso sangue, à nossa tribo. Tudo que não sou eu, que não é meu e não faz parte do meu mundo não tem valor, pode e deve ser subjugado, tratado como objeto de uso para o meu benefício. O narcisismo explica fenômenos como a escravidão, o genocídio dos povos "descobertos" pelos europeus nas Américas e na Oceania, o Holocausto nazista, em que há o bloqueio completo da compaixão, que na esfera individual seriam tachados de psicopáticos. Toda distorção de percepção pode ser levada muito mais longe de forma coletiva do que individual. No mundo moderno, o processo de expansão do círculo dos nossos tem avançado, mas a uma velocidade surpreendentemente lenta. A sensação de absurdo que experimentamos ao nos lembrar de que há apenas algumas décadas contingentes inteiros de pessoas não eram consideradas humanas não é compatível com a resistência que temos para tratar com respeito outros seres vivos com a resistência que ainda temos para compreender que todas as fronteiras são fictícias.

A terceira fonte de distorção patológica da realidade advém do horror à vida e de sua outra face, o fascínio pela morte. É o traço dominante de um tipo de personalidade maravilhosamente bem descrita por Kierkegaard em *Sickness unto Death*, que na literatura freudiana foi chamada de sadoanal. Leva ao fascínio pela ordem, pela rotina, ao horror à espontaneidade e à aparente desordem da vida. O horror à novidade, à surpresa e ao que não se compreende não apenas distorce a percepção, mas pode bloquear a capacidade de viver. A redoma de uma rotina mecânica nos isola da realidade, suprime nossa capacidade de ser surpreendido, de nos renovar e, em última instância, de viver. A associação entre a personalidade sadoanal — ou necrófila, na denominação de Fromm — e as sociedades totalitárias é evidente. Essa é a razão pela qual as sociedades totalitárias não conseguem se renovar, tendem inevitavelmente à esclerose.

8.

Se o descompasso entre percepção e realidade é intrínseco à formação da identidade individual e reforçado pelo edifício da ficção cultural; se toda tentativa de questionar a ficção cultural é punida de forma implacável pela sociedade, o que nos resta? Ou como se pergunta Max Born, Nobel de física por sua contribuição para a mecânica quântica, que, quando no crepúsculo da vida, desapontado com o uso da ciência para o desenvolvimento das armas atômicas, escreveu: "What is Left to Hope for?" [O que nos resta para ter esperança?].

Qual o caminho para o homem imerso no paradoxo que lhe confere sua condição única de ser um animal consciente? A mais importante qualidade para um animal fadado a viver num paradoxo é justamente a capacidade de suportar contradições, ambiguidades e paradoxos, e com elas conviver. Para o homem, a força está na capacidade de duvidar e de aguentar contradições. Nada mais, nada menos. Acontece que a razão não gosta de contradições; nossa lógica — ao menos do consciente — rejeita a contradição. Nosso mais poderoso instrumento de compreensão rejeita o que é nossa única fonte de força. Mais uma terrível contradição. Somos atraídos pela coerência e fascinados pela certeza, por isso vemos força onde parece haver convicção, mas toda convicção é superficial, na verdade sinal de fraqueza, de incapacidade de tolerar a realidade da condição humana. Por isso a convicção precisa de companhia. Enquanto a certeza é solidária, a dúvida é solitária. O grupo reconforta, a multidão dá a impressão de força, cria a barreira protetora da convicção compartilhada. Mas a história está repleta de evidências de que a realidade não tem o menor respeito pelas convicções compartilhadas. Como soube sintetizar o gênio intuitivo de Nelson Rodrigues, toda unanimidade é burra.

Para o filósofo francês Henri Bergson, o avanço da humanidade depende de pessoas capazes de quebrar a redoma dos padrões culturais estabelecidos, das percepções automatizadas, capazes de renovar o impulso vital numa nova direção. O ser humano escapou da ditadura dos instintos ao adquirir capacidade de criar um universo simbólico, mas a liberação se mostrou uma vitória de Pirro. Livramo-nos da ditadura do instintivo, do imediato, para cair na ditadura da consciência, do cultural. Todo o progresso a partir daí advém da capacidade de reconhecer e quebrar a armadura do estabelecido. Todos os gênios religiosos, há mais de vinte séculos, perceberam o que só muito recentemente a filosofia e a psicologia vieram a descobrir. Moisés clamou a seu povo que parasse de adorar o bezerro de ouro, os falsos ídolos reluzentes de um fetichismo terrestre, e vissem além. Todos os profetas do Velho Testamento, de forma recorrente, apareceram para lembrar às pessoas que elas estavam, mais uma vez, presas a ilusões terrestres. Jesus Cristo fez um contundente apelo contra a inversão insana das prioridades na ficção cultural. Pediu que se olhassem os lírios do campo, que "não trabalham e nem fiam". O Buda fez a mesma crítica radical a toda ficção cultural. Atribuiu nenhum valor a tudo aquilo a que as pessoas se apegam desesperadamente. Todos chegaram a uma definição de doença, de loucura, muito próxima à da psicologia moderna. Começaram pela crítica ao narcisismo, à lealdade exclusivista aos mais próximos, à família, à tribo e à nação, em detrimento do outro, quem quer que seja. Fizeram um apelo à inclusão, à expansão dos horizontes, contra a ilusão das fronteiras, inclusive a da identidade, a favor do todo. Criticaram as lideranças tirânicas, os poderosos que agravam os grilhões da cultura, que procuram transformar pessoas em objetos de manipulação. Todos perceberam que eles próprios não bastavam para transformar a humanidade, que seria preciso levar um grande número de pessoas a transcender a estreiteza da ilusão cultural para que houvesse verdadeiro avanço.

O drama é que, para quebrar a armadura do cultural, só existe caminho individual. Não se escapa das garras do preconcebido em grupo, mas por si mesmo, por conta e risco de percorrer o próprio caminho. O salto coletivo dependeria de uma sincronização de superações individuais da camisa de força da cultura. De certa forma, todos os grandes gênios religiosos compreenderam isso ao chamar a atenção para a supremacia do indivíduo sobre o coletivo, para o caráter sagrado de cada pessoa, que não pode ser diluído no coletivo. Cada um deve seguir seu caminho, perceber por conta própria a realidade e sua relação com ela. Não existe atalho, não há roteiro preestabelecido. A viagem não é delegável e não pode ser feita em grupo. Só se pode contar com o exemplo dos que a fizeram, mas o exemplo é apenas evidência de que ela é possível, nada mais. Daí a dificuldade da tarefa do gênio religioso: tendo visto além da ilusão da cultura, por compaixão — o resultado da vitória sobre o narcisismo —, ele se sente compelido a mostrar o caminho, mas o caminho é único para cada pessoa. A ele só cabe dizer que caminhos existem. A dificuldade dos que pretendem dar o exemplo é que queremos mais do que o exemplo, queremos o roteiro completo, o que vem a ser uma forma de não ver, de substituir um tipo de fetiche por outro. Essa é a razão pela qual toda mensagem da intuição religiosa se transfigura num edifício litúrgico, numa caricatura perversa do que ela pretende transcender.

9.

O homem é um animal simbólico. Não pode, portanto, prescindir de uma estrutura de valores. Precisamos acreditar que nossos valores são verdadeiros, pois nada mais perturbador do que a ideia de pautar nossas vidas por uma ficção arbitrária. Para que possamos assegurar a veracidade de um sistema de valores, as alternativas são: ou bem acreditamos que eles são ditados por uma esfera superior ou, tendo tudo compreendido, sabemos o que é verdadeiro. A modernidade aboliu a esfera superior. Não se pode provar a inexistência de nada, mas não há evidência de que exista uma realidade superior e muito menos de que tenha algo a nos dizer sobre nosso sistema simbólico. O otimismo inicial com o método científico, a impressão de que por meio da dúvida e da experimentação racional poderíamos chegar a tudo compreender cedeu lugar ao ceticismo da conclusão à qual já havia chegado a filosofia: nunca poderemos compreender o todo, porque não temos como transcender nossa condição. A essência das coisas está além do nosso aparato de apreensão da realidade. Não temos como atestar a veracidade de nosso sistema de valores.

A conclusão é profundamente perturbadora, pois toda a psicologia moderna, desde Kierkegaard, nos mostrou a importância de um sistema de heroísmo, de um sentido para a vida, sem o qual somos tomados de um pânico existencial. Trêmulos e em pânico — "Temor and tremor" — nos agarramos a todo tipo de falsos ídolos e, sem perceber, entramos num processo que nos limita, nos torna doentes, frustrados e agressivos. Apavorados com a aparente desordem do que não temos como compreender, optamos por bloquear a realidade e a vida, por não viver. Como disse Kierkegaard, se perdemos um braço num acidente, ficamos profundamente abalados, mas a maior parte das pessoas perde a vida sem se dar conta.

Como animal que vive num universo simbólico, o homem não tem como deixar de se pautar por algum sistema de referência. Esse sistema de referência, que nos deu uma vantagem evolutiva, não pode ser disfuncional, deve estar adaptado ao ambiente, nos dar uma vantagem em relação aos animais que não desenvolveram uma capacidade simbólica. Por tentativa e erro, num processo semelhante ao da evolução genética, nosso sistema simbólico vai sendo aprimorado para ser mais eficiente em relação ao ambiente em que vivemos. O conceito de meme, equivalente simbólico ao gene biológico, desenvolvido por Richard Dawkins em *O gene egoísta*, seria uma unidade de informação simbólica, com capacidade de se autopropagar se for mais eficiente que as demais. A evolução simbólica seria semelhante à evolução genética. Ocorre que o processo darwinista genético é puramente aleatório; já o processo de evolução simbólica, embora possa ter alguma aleatoriedade, é essencialmente intencional. É intencional porque faz parte da constituição da consciência, tanto social quanto individual. Uma unidade simbólica, um meme, uma vez incorporado ao sistema de valores, passa a fazer parte daquilo que avalia e julga esse mesmo sistema de valores. O fato de o sistema simbólico participar da sua própria avaliação cria uma barreira protetora de autopreservação que atua contra sua adaptação e evolução. Por isso todo sistema simbólico tem tendência a se fechar defensivamente. Se não for posto em xeque por alguma incongruência gritante com a realidade — e, como afirma Becker, a natureza tem sido generosa com a humanidade —, todo o sistema cultural tende a se tornar asfixiante e disfuncional. O desafio quase nunca vem diretamente da realidade, mas sim de uma contestação simbólica, intelectual. De onde parte essa contestação? Qual a força motora da contestação e da evolução simbólica se não se origina do teste com a realidade? A resposta é o inconsciente, a interface do reflexo biológico com a consciência simbólica, de onde vem a intuição a que se refere o filósofo francês Henri Bergson.

Mas, antes de passarmos ao papel do inconsciente e da intuição, voltemos à questão do nosso sistema de valores. Nosso edifício cultural é uma realidade virtual da qual não podemos prescindir nem escapar. Realidade que uma vez desenvolvida nos permitiu superar a ditadura biológica do imediato, do puro reflexo instintivo. Tornamo-nos conscientes e passamos a viver na dimensão simbólica. Como não deixamos de ser um animal, vivemos uma contradição permanente: a de ser um animal simbólico e consciente. O edifício cultural é uma construção artificial e arbitrária que, desde que não esteja em flagrante desacordo com a realidade, nos garante uma superioridade evolutiva. Como nos tornamos conscientes de nossa individualidade e de nosso edifício simbólico, precisamos estar seguros da verdade de nossos valores, acreditar que são verdadeiros. A solução tradicional até a modernidade foi atribuir aos valores uma origem superior, acreditar numa instância sagrada de onde eles nos teriam sido ditados. Como a razão — ao mesmo tempo criadora e criação do sistema simbólico — é inquieta, porque se não fosse inquisitiva não cumpriria seu papel, nosso edifício simbólico está sob constante ameaça de questionamento. Embora fundamental para nossa evolução, o questionamento é sempre perturbador. Uma vez conscientes da finitude biológica, precisamos desesperadamente de alguma permanência. Nada mais angustiante do que a ideia de que nosso universo simbólico é arbitrário e impermanente, assim como o universo biológico que imaginamos ter superado. Daí o potencial tranquilizador de uma instância superior, verdadeira e eterna, em que podemos ancorar nosso sistema simbólico. Tranquilizador, mas opressivo porque, uma vez institucionalizado um sistema de valores ditados pela instância superior, seus mecanismos de autodefesa, de resistência a qualquer questionamento, são uma poderosa fonte repressora de toda novidade.

Como todo sistema fechado à inovação se torna asfixiante e se esclerosa, a ruptura decorrente do Iluminismo permitiu um avanço extraordinário. Visto inicialmente por quase todos os seus expoentes não como uma ruptura mas como uma evolução compatível com a aceitação de uma instância superior, as possibilidades do uso sistemático da razão pareciam ilimitadas. O que a escolástica pretendera fazer, torturando a lógica, parecia possível com a separação das esferas. O método científico se restringiria à expansão do conhecimento do mundo do visível, sem questionar a instância superior do mundo do invisível. Compreende-se o otimismo pelo qual foi tomada a cultura europeia no século xix. Parecia ser possível compatibilizar a tranquilizadora crença no universo do invisível, numa instância superior verdadeira e eterna, com o método da experimentação racional, científico, para nos levar a uma melhor compreensão da realidade. Mais difícil é explicar por que esse otimismo sobreviveu ao século xx e ainda persiste com toda a força no xxi. Ao longo de toda a história o homem procurou por todos os meios, místicos e intuitivos, racionais e científicos, a realidade última. Hoje, milhares de anos depois, como os físicos e os filósofos modernos, temos que abrir mão de encontrá-la e concluir que tudo é relativo ao nosso equipamento de percepção.

Onde ficamos então no que se refere à definição de nosso sistema de valores? Como encontrar o ideal heroico adequado para conduzir e dar sentido à vida? A verdade está além de nós, jamais poderemos alcançá-la. Condenados a ser eternamente ignorantes, temos de abdicar até mesmo da esperança de chegar à verdade definitiva. Duro golpe para um ser simbólico que depende da esperança, para quem a busca da verdade é o sentido da vida. Sem a verdade como referência, todo ideal heroico é tão bom quanto qualquer outro.

10.

Não podemos saber o que é a verdade definitiva, mas podemos saber o que é falso em relação às nossas circunstâncias. Pode parecer pouco, mas é o critério fundamental para bem conduzir a vida pessoal e a sociedade. Qualquer sistema de valor é tão bom quanto outro em relação à verdade definitiva que nos é impenetrável, mas não em relação às nossas circunstâncias. Ocorre que todo edifício de valores tem a pretensão de corresponder à verdade definitiva, sua construção é fortificada para negar suas fundações efêmeras, para lhe dar ares de verdade absoluta. Quando nos deparamos com uma mudança das circunstâncias, nosso edifício de valores, em sua pretensão à permanência, impede que nos adaptemos e compreendamos. Aprisionados a um ideal heroico rígido e mumificado, somos impedidos de seguir adiante. Existem duas reações comuns. A primeira é a de intensificar a negação das novas circunstâncias, nos agarrarmos aos valores anacrônicos, nos tornarmos dogmáticos. A segunda é perder a fé no ideal heroico, sem capacidade de aceitar a sua necessária relatividade, nos tornarmos cínicos.

Há algo de errado num ideal heroico incapaz de resistir à mudança das circunstâncias. Aqui está a razão do apelo do ideal heroico religioso, pois transcende as circunstâncias, inclui a esfera do invisível, do incompreensível, da questão primeira da criação e da origem do todo. O ideal heroico religioso é o mais genérico e abrangente. Corretamente definido, deveria ser compatível com toda mudança das circunstâncias. Do ponto de vista pessoal, o problema da vida é como se livrar do fetichismo, da criação de ídolos. Como expandir os horizontes, alargar as alianças e elevar a qualidade de nossas preocupações. Para isso, o objetivo primeiro deve ser nos assegurarmos de que nossa autoestima não está delegada, mas sob nosso próprio controle. É preciso estar livre tanto dos estímulos reflexos automatizados como da tirania dos sistemas culturais. Por isso, a primeira tarefa de toda psicoterapia é nos livrar da opinião dos outros. Reforçar nossa autoestima para nos permitir gostar daquilo de que gostamos, e não daquilo que os outros acham que deveríamos gostar. A grande superioridade do sistema heroico religioso — quando não desvirtuado para interferir nas coisas desse mundo — é que seu alto nível de generalidade e abrangência não nos sequestra o controle de nossa autoestima. Ao contrário, serve de contraponto ao edifício cultural que constantemente nos ameaça e julga. Ao nos associarmos a um ideal heroico cósmico, nos liberamos da subordinação a um ideal social. No limite, chega-se à liberdade dos santos, livres da opinião das massas e até mesmo da dos amigos e familiares.

11.

Retomemos então as questões que deixamos pelo caminho. Não temos nem poderemos ter resposta definitiva para a questão primordial: por que existimos e para que vivemos? Assim como nossa condição existencial, nossos valores também são necessariamente contingenciais. A vida boa a ser vivida não é um ideal absoluto, mas subordinado às circunstâncias. A adaptabilidade de nossos valores às circunstâncias é nossa verdadeira força, mas como almejamos a coerência e a permanência, nossa contingência nos horroriza. Tramamos a todo instante contra a flexibilidade do edifício de nossos valores e impomos todo tipo de barreiras à sua revisão. Exigimos o consenso, ainda que autoritário, pois a discordância questiona aquilo que sabemos ser arbitrário, mas que pretendemos com todas as nossas forças que não o seja.

Pode ser verdade, como quer Becker, que a natureza foi condescendente conosco, que sempre nos tenha dado ampla margem para a fantasia sem nunca nos confrontar de forma mais dura. Mas não há dúvida de que somos um animal com inusitada capacidade de adaptação. Um animal cujo sistema simbólico, justamente por não depender apenas de mutações aleatórias, se adapta mais rápido que pela mera evolução biológica. É também verdade que nossa condição nos deixa sempre entre dois polos igualmente perigosos: a tentação de nos fecharmos para a vida, apavorados com suas possibilidades excessivas, e a tentação da arrogância de nossa dimensão simbólica, que procura negar nossa condição biológica, a existência de limites para nossa ambição. O equilíbrio entre esses dois polos — o que poderíamos chamar de a posição saudável — é sempre instável, mas a tentação neurótica, a de tender excessivamente para fechar as possibilidades, para nos defender da vida, é mais forte no plano dos indivíduos, enquanto o oposto, a tentação psicótica, a de acreditar que não temos limites, que tudo nos é possível e devido, é mais frequente no plano do coletivo. De maneira geral, enquanto os indivíduos precisam se defender da tentação neurótica, as sociedades precisam neutralizar a tentação psicótica. Precisam encontrar antídotos para a *hubris*, pecado que segundo os clássicos a "fortuna" tem especial prazer em punir. Com os avanços da psicologia e com a incorporação dos conceitos psicanalíticos ao senso comum, o problema da repressão neurótica individual foi amenizado na cultura contemporânea. Em contrapartida, mais do que nunca, a cultura de nossos dias induz à arrogância coletiva.

Ernst Becker não explicita por que lhe parece que o espaço que a natureza sempre nos deu, para divorciar nosso sistema simbólico da realidade, tenha se reduzido. Mas não é difícil deduzir as razões. O avanço do conhecimento científico e a vulgarização dos conceitos psicanalíticos deram origem à cultura do narcisismo que caracteriza o mundo contemporâneo. Estamos convencidos de que, no plano individual, só nossa insegurança, só nossa falta de convicção em nós mesmos nos limita. No plano coletivo não há espaço para a dúvida: a humanidade, à qual tudo mais está subordinado, é considerada todo-poderosa. O cenário está montado para a frustração individual e para o desastre coletivo.

Se no plano individual a neurose é mais tratável do que a psicose, no plano coletivo a *hubris* psicótica é ainda mais perigosa. Contar com a natureza para nos trazer de volta à realidade de nossos limites pode ter consequências catastróficas. Felizmente, a contestação interna à nossa ficção simbólica, apesar de todas as barreiras defensivas da cultura, tem sido capaz de forçar a revisão dos valores para adaptá-los às circunstâncias. O questionamento à visão dominante de mundo, ao menos num primeiro momento, nunca é diretamente racional, mas essencialmente intuitivo. Seus expoentes são os artistas, aqueles cuja conexão com o inconsciente, com nossa interface com o reflexo biológico, é mais apurada. Como em todas as esferas, também a arte pode ser sequestrada pela cultura, tornar-se acadêmica, procurar apenas repetir o conhecido e o aceito, mas a verdadeira arte é sempre de vanguarda. Se não é necessariamente contestadora, é sempre uma nova forma de ver. Sociedades estáveis, satisfeitas consigo mesmas, são menos criativas que sociedades em crise, especialmente em crises de decadência. O conforto hegemônico é estéril, a ansiedade da decadência é criativa.

Se o real não é dado, mas relativo, só podemos dele nos aproximar através de um diálogo, de um questionamento permanente e infindável. Mas nosso horror ao contingente, nossa obsessão por um referencial permanente, nos leva a construir fortificações em torno de nossa realidade simbólica, para negar seu caráter fictício e contingencial. Como então proceder ao compreender que todo o nosso sistema heroico não passa de uma ficção para nos proteger da falta de sentido existencial? Como prosseguir depois de nos darmos conta de que todo o edifício simbólico não passa de uma fantasia, sem a qual não podemos suportar o fato de que nada podemos verdadeiramente saber? Se todo sistema de valores é ficcional, mas não temos como viver sem alguma ficção, será possível estabelecer alguma hierarquia entre nossas ficções? A que heroísmo devemos aspirar depois de compreender o caráter arbitrário e fantasioso de todo sistema heroico? O heroísmo genuíno é desenvolver a capacidade de relativizar o apelo heroico, de suportar a contradição, de aceitar nossa irremediável contingência. É ter esperança, apesar de não saber o que esperar. É preservar a capacidade de se deslumbrar e não temer o desconhecido. É não querer bloquear o inesperado, porque viver é ser surpreendido.

O Itaim sem carros*

Eu contava passar o fim de ano com um casal amigo na Patagônia, mas acabei obrigado a ficar em São Paulo. A cidade era outra, muito diferente daquela de antes do Natal. Podia-se caminhar. Fui, com mulher e filhos, tomar café da manhã numa padaria do Itaim. Atravessamos — a pé — a ponte da Cidade Jardim. São 25 anos de São Paulo e a primeira vez que atravesso sem automóvel a ponte, por onde passo quase diariamente. A cidade congestionada inviabiliza a razão de ser do transporte individual, que é o conforto e a eficiência, mas seu pecado maior é tornar a caminhada tão desagradável e perigosa que ela deixa de ser uma opção.

A essência das cidades é ser o lugar de interação entre conhecidos e desconhecidos, favorecer o contato pessoal, que mesmo na era virtual é fundamental para a civilidade e insubstituível como estímulo à criatividade. A civilização do automóvel levou à dispersão, à redução da densidade urbana. O modelo está exaurido. Investir na expansão da malha viária urbana não é solução. Ao

---

* Publicado no *Valor Econômico*, 10 jan. 2014.

contrário, significa aumentar o subsídio ao uso do automóvel. Reza a chamada lei fundamental dos congestionamentos que para todo aumento da malha viária há um aumento proporcional do número de quilômetros rodados. O investimento na malha viária nunca será capaz de resolver o congestionamento, porque é um estímulo ao uso do automóvel. É dinheiro público usado para subsidiar o transporte individual que hoje paralisa as cidades. O pior é que o uso do automóvel impede o surgimento de alternativas, pois expulsa o pedestre, o ciclista, e faz com que o transporte coletivo de superfície seja absurdamente lento e ineficiente.

Como deve estar percebendo a duras penas o prefeito Haddad, para mudar é preciso vencer hábitos arraigados. O imaginário coletivo ainda vê a civilização do automóvel como o paradigma da vida moderna e bem-sucedida. Sem uma visão alternativa, a reação parece ainda ser democraticamente intransponível. É preciso criar a visão de uma vida diferente, do que pode ser a cidade livre do tumor invasivo em que se transformou o automóvel. O pedágio urbano, que já está em prática em várias cidades do mundo, por aqui ainda sofre resistências que a demagogia não tem coragem de enfrentar. Já que encarar o problema de peito aberto é considerado politicamente suicida, deveríamos escolher alguns projetos-piloto para servir de exemplos, para demonstrar que a vida na cidade pode ser melhor.

Veja-se o caso da High Line, estrada de ferro elevada no West Side de Manhattan, Nova York, abandonada há décadas, que se transformou num parque suspenso, hoje símbolo da renovação urbana bem-sucedida. Não há atualmente no mundo projeto de renovação urbana inteligente que não contemple "algo inspirado na High Line". O governo inglês acaba de aprovar fundos para a construção de uma ponte ajardinada sobre o Tâmisa. As avenidas ajardinadas para caminhadas eram comuns nas grandes cidades até serem destruídas — como o triste caso da avenida Afonso Pena, em Belo Horizonte, que teve suas lindas árvores arrancadas para dar espaço ao automóvel. Onde elas sobreviveram, como no caso da Rambla, em Barcelona, são contribuição fundamental para o apelo e o sucesso da cidade.

No século XIX, as grandes cidades foram renovadas, largas avenidas, abertas e parques públicos, criados, para adaptar as primeiras à força da industrialização e à revolução dos transportes. A partir do último quarto do século XX, o modelo começou a dar sinais de exaustão, e as cidades, com raras exceções, foram deformadas em nome do automóvel. As cidades bem-sucedidas do século XXI serão diferentes, voltadas para o encontro, para o convívio das diferenças, que é a essência da vida urbana. A cidade do futuro é a cidade da criatividade, do que o urbanista Richard Florida chama de "a classe criativa", que floresce com o convívio. Terão calçadas largas, avenidas arborizadas para caminhadas, bares e restaurantes. Os jardins e os calçadões substituirão o asfalto dos automóveis, assim como já começaram a tomar o lugar dos armazéns, das fábricas e dos trilhos abandonados.

A vida nas ruas é tão ou mais importante para o sucesso da cidade do que as atrações culturais e os marcos arquitetônicos. A qualidade de vida é, cada vez mais, o fator determinante na escolha de onde viver. Num círculo virtuoso de civilidade, convívio e criatividade, pessoas qualificadas querem viver onde há qualidade de vida, e a qualidade de vida melhora onde há pessoas qualificadas. Não se deve confundir a cidade aberta ao convívio com a cidade totalmente planejada, estratificada, sem espontaneidade, que impede "os usos da desordem", na feliz expressão de Richard Sennett. É um erro recorrente na tentativa de revitalização urbana confundir a estrutura física da cidade com a verdadeira cidade, que é o espaço do convívio das diferenças. Grandes projetos de infraestrutura são menos relevantes do que podem parecer. Sucesso exige infraestrutura, mas a infraestrutura não garante o sucesso.

Passo então à minha sugestão de projeto-piloto para São Paulo: fechar o Itaim para os automóveis. Apesar do trânsito infernal, o Itaim resiste como um dos poucos bairros da cidade onde ainda se pode caminhar, onde há vida nas ruas, fora dos automóveis. Fato que só se explica porque o bairro é delimitado por quatro grandes artérias viárias, as avenidas Nove de Julho, Faria Lima, Juscelino Kubitschek e São Gabriel, e não é cruzado por nenhuma grande avenida.

O acesso de automóvel seria restrito, só para moradores com garagem, a velocidade limitada a vinte quilômetros por hora, por vias estreitadas para dar lugar aos calçadões ajardinados e arborizados. Ônibus só em duas vias transversais exclusivas. Os parques e os calçadões melhoram a qualidade de vida, valorizam os imóveis e aumentam a arrecadação de impostos. Será preciso detalhar a proposta, pensar em como tratar a questão das entregas para restaurantes e o comércio. Novas garagens, só na periferia do bairro. Sabemos que o diabo está nos detalhes, mas por isso mesmo não se pode deixar que eles levem à paralisia.

Ousado? Sim. Politicamente impossível? Não creio. O prefeito de Paris acaba de implantar algo muito mais polêmico: transformou as vias expressas nas margens do Sena, que eram as principais artérias do trânsito na cidade, em calçadões ajardinados para *promenades*. A reação inicial foi digna da — injusta — fama do mau humor parisiense, mas hoje, alguns meses depois de sua inauguração, até os motoristas de táxi parecem aprovar, apesar de não abrirem mão do direito de resmungar.

O mal-estar contemporâneo[*]

Na tentativa de interpretar o protesto das ruas nas grandes cidades brasileiras, há uma natural tentação a fazer um paralelo com os movimentos similares nos países avançados, sobretudo da Europa, mas também nos Estados Unidos — Occupy Wall Street —, assim como os da chamada Primavera Árabe. As condições objetivas são contudo muito distintas. A Primavera Árabe é um fenômeno de países totalitários, onde não há representação democrática. Não é o caso do Brasil. Na Europa, sobretudo nos países mediterrâneos periféricos mais atingidos pelos efeitos da crise financeira de 2008, houve uma drástica piora das condições de vida. O desemprego, especialmente entre os jovens, subiu para níveis dramáticos. Mais uma vez, não é o caso do Brasil.

Nem os críticos mais radicais ousariam argumentar que o Brasil de hoje não se enquadra nos moldes das democracias representativas do século xx. Podem-se culpar os desacertos da política econômica nos últimos seis anos. Embora devam ficar mais

[*] Publicado no *Valor Econômico*, 5 jul. 2013, e apresentado na 11ª edição da Festa Literária Internacional de Paraty (Flip).

evidentes daqui para a frente, os efeitos negativos da incompetência na política econômica só muito recentemente começaram a ser notados. Fato é que, desde a estabilização do processo inflacionário crônico, houve grandes avanços nas condições econômicas de vida dos brasileiros. Nos últimos vinte anos, houve ganho substancial de renda entre os mais pobres. Ao contrário do que ocorreu em outras partes do mundo, até mesmo nos países avançados, a distribuição de renda melhorou. O desemprego está em seu mínimo histórico.

É verdade que a inflação, especialmente a de alimentos, que se faz sentir mais intensamente pelos assalariados, está em alta. Por mais consciente que se seja em relação aos riscos, políticos e econômicos, da inflação, é difícil atribuir-lhe o papel de catalisador do movimento das ruas nas últimas semanas. Só agora a taxa de inflação superou o teto da banda — excessivamente generosa, é verdade — em torno da meta do Banco Central.

Os dois elementos tradicionais da insatisfação popular — dificuldades econômicas e falta de representação democrática — definitivamente não estão presentes no Brasil de hoje. Inflação, desemprego, autoritarismo e falta de liberdade de expressão não podem ser invocados para explicar a explosão popular. O fenômeno é, portanto, novo. Procurar interpretá-lo de acordo com os cânones do passado me parece o caminho certo para não compreendê-lo.

O movimento de maio de 1968 na França tem sido lembrado em face das manifestações das últimas semanas. O paralelo se justifica, pois Maio de 1968 é o paradigma do movimento sem causas claras nem objetivos bem definidos, uma combustão espontânea surpreendente, que ocorre em condições políticas e econômicas relativamente favoráveis. Movimento que, uma vez detonado, canaliza um sentimento de frustração difusa — um *malaise* — com o estado das coisas, com tudo e todos, com a vida em geral.

A novidade mais evidente em relação a Maio de 1968 na França é a internet e as redes sociais. Embora não tivesse expressão clara na vida pública francesa, a insatisfação difusa poderia ter sido diagnosticada, ao menos entre os universitários parisienses. No Brasil de hoje, a irritação difusa podia ser claramente percebida na internet e nas redes sociais. O movimento pelo passe livre fez com que esse mal-estar transbordasse do virtual para a realidade das ruas. Nem os universitários franceses de 1968 nem os internautas do Brasil de hoje representam o que se poderia chamar as massas ou o povão, mas funcionam igualmente como sensores e catalisadores de frustrações comuns.

Quais as causas do mal-estar difuso no Brasil de hoje, que transbordou da internet para a realidade e levou a população às ruas?

Parecem ter dois eixos principais. O primeiro, e mais evidente, é uma crise de representação. A sociedade não se reconhece nos poderes constituídos — Executivo, Legislativo e Judiciário —, em todas as suas esferas. O segundo é que o projeto do Estado brasileiro não corresponde mais aos anseios da população. O projeto do Estado, e não do governo, é importante que se note, pois a questão transcende governos e oposições. Esse hiato entre o projeto do Estado e a sociedade explica em grande parte a crise de representação.

O Estado brasileiro se mantém preso a um projeto cuja formulação é do início da segunda metade do século passado. Um projeto que combina uma rede de proteção social com a industrialização forçada. A rede de proteção social inspirou-se nas reformas das economias capitalistas da Europa, entre as duas Grandes Guerras, reforçadas após a crise dos anos 1930. Foi introduzida no Brasil por Getúlio Vargas, para a organização do mercado de trabalho, com base no modelo da Itália de Mussolini. A industrialização forçada através da substituição de importações, introduzida por Juscelino Kubitschek nos anos 1950 e reforçada pelo regime militar nos anos 1970, tem raízes mais autóctones. Suas origens intelectuais são o desenvolvimentismo latino-americano dos anos 1950, que defendia a ação direta do Estado como empresário e planejador para acelerar a industrialização.

Não nos interessa aqui fazer a análise crítica do projeto desenvolvimentista que, com altos e baixos, aos trancos e barrancos, cumpriu seu papel e levou o país às portas da modernidade neste início de século. Basta ressaltar que o desenvolvimentismo, em seus dois pilares — a industrialização forçada e a rede de proteção social —, depende da capacidade do Estado de extrair recursos da sociedade. Recursos que devem ser utilizados para financiar o investimento público e os benefícios da proteção social. Diante da baixa taxa de poupança do setor privado e da precariedade da estrutura tributária do Estado, a inflação transferiu os recursos da sociedade para o Estado, até que nos anos 1980 viesse a se tornar completamente disfuncional. Com a inflação estabilizada a partir do início dos anos 1990, o Estado se reorganizou para arrecadar por via fiscal também os recursos que extraía através do imposto inflacionário. A carga fiscal passou de menos de 15% da renda nacional, no início dos anos 1950, para em torno de 25% nas décadas de 1970 a 1990, até saltar para os atuais 36%, depois da estabilização da inflação. O Brasil tem hoje uma carga tributária comparável, ou mesmo superior, à das economias mais avançadas.

Apesar de extrair da sociedade mais de um terço da renda nacional, o Estado perdeu a capacidade de realizar seu projeto. Não o consegue entregar porque, embora arrecade 36% da renda nacional, investe menos de 7% do que arrecada, ou seja, menos de 3% da renda nacional. Para onde vão os outros 93% dos quase 40% da renda que extrai da sociedade? Parte para a rede de proteção e assistência social, que se expandiu muito além do mercado de trabalho organizado, mas, sobretudo, para a própria operação do Estado. O Estado brasileiro se tornou um sorvedouro de recursos cujo principal objetivo é financiar a si mesmo. Os sinais dessa situação estão tão evidentes que não é preciso conhecer e analisar os números. O Executivo, com 39 ministérios ausentes e inoperantes; o Legislativo, de onde só se tem más notícias e frustrações; e o Judiciário, pomposo e exasperadamente lento.

O Estado foi também incapaz de perceber que o seu projeto não corresponde mais ao que deseja a sociedade. O modelo desenvolvimentista do século passado tinha dois pilares. Primeiro, a convicção de que a industrialização era o único caminho para escapar do subdesenvolvimento. Países de economia primário-exportadoras nunca poderiam almejar alcançar o estágio de desenvolvimento das economias industrializadas. Segundo, a convicção de que o capitalismo moderno exige a intervenção do Estado em três dimensões: para estabilizar as crises cíclicas das economias de mercado; para prover uma rede de proteção social; e, no caso dos países subdesenvolvidos, para liderar o processo de industrialização acelerada. As duas primeiras dimensões da ação do Estado são parte do consenso formado depois da crise dos anos 1930. A terceira decorre do sucesso do planejamento central soviético em transformar, em poucas décadas, uma economia agrária, semifeudal, numa potência industrial. A proteção tarifária do mercado interno, com o objetivo de proteger a indústria nascente e promover a substituição de importações, completava o cardápio com um toque de nacionalismo.

O nacional-desenvolvimentismo, fermentado nos anos 1950, teve sua primeira formulação como plano de ação do governo na proposta de Roberto Simonsen. Embora sempre combatido pelos defensores mais radicais do liberalismo econômico, como Eugênio Gudin, autor de famosa polêmica com Roberto Simonsen, e posteriormente por Roberto Campos, foi adotado tanto pela esquerda como pela direita. Seu período de maior sucesso foi justamente o do milagre econômico do regime militar.

Na década de 1980, a inflação se acelera e se torna definitivamente disfuncional. As sucessivas e fracassadas tentativas de estabilização passam a dominar o cenário econômico. Com a estabilização do real a partir da segunda metade da década de 1990, o país parecia estar em busca de novos rumos, ainda que com algum constrangimento em reconhecer que o nacional-desenvolvimentismo já não fazia sentido num mundo integrado pela globalização. A vitória do PT foi, sem dúvida, parte da expressão desse anseio de mudança. É ao mesmo tempo irônico e triste que o partido que chegou ao governo embalado pelo anseio de mudanças, depois de um curto período para acalmar os investidores, tenha promovido a volta de um nacional-desenvolvimentismo caricatural e se afundado nos vícios do que sempre houve de pior na velha política brasileira.

Nos dois primeiros anos do governo Lula, a política econômica foi essencialmente pautada pela necessidade de acalmar os mercados financeiros, sempre conservadores, assustados com a perspectiva de uma virada radical à esquerda. A partir daí, o PT passou a pôr em prática o seu projeto. Um projeto muito diferente do que defendia enquanto oposição. O projeto do PT no governo, frustrando as expectativas dos que esperavam mudanças, muito mais do que o aparente continuísmo dos primeiros anos do governo Lula, revelou-se flagrantemente retrógrado. É, em essência, a volta do nacional-desenvolvimentismo, inspirado no período em este que foi mais bem-sucedido: durante o regime militar. A crise internacional de 2008 serviu para que o governo abandonasse o temor de desagradar os mercados financeiros e, sob pretexto de fazer política macroeconômica anticíclica, promovesse definitivamente a volta do nacional-desenvolvimentismo estatal.

O PT acrescentou dois elementos novos em relação ao projeto nacional-desenvolvimentista do regime militar: a ampliação da rede de proteção social com o Bolsa Família e o loteamento do

Estado. A ampliação da rede de proteção social se justifica como uma iniciativa capaz de romper o impasse da pobreza absoluta à qual, apesar dos avanços da economia, grande parte da população brasileira se via aprisionada; e também como forma de manter um mínimo de coerência com seu discurso histórico. Já a lógica por trás do loteamento do Estado é puramente pragmática. Ao contrário do regime militar, que não precisava de alianças difusas, o PT utilizou o loteamento do Estado, em todas as suas instâncias, como moeda de troca para compor uma ampla base de sustentação. Sem nenhum pudor ideológico, juntou o sindicalismo de suas raízes com o fisiologismo do que já foi chamado de Centrão, hoje representado principalmente pelo PMDB, em que se encontra toda sorte de homens públicos que, a despeito de suas origens, perderam suas convicções ao longo da estrada e hoje são essencialmente cínicos.

Há ainda um terceiro elemento do projeto de poder do PT. Trata-se da eleição de uma parte do empresariado como aliados estratégicos. Tais aliados têm acesso privilegiado ao crédito favorecido dos bancos públicos, e sobretudo à boa vontade do governo, para crescer, absorver empresas em dificuldades, consolidar suas posições oligopolistas no mercado interno e se aventurar internacionalmente como "campeões nacionais".

A combinação de um projeto anacrônico com o loteamento do Estado entre o sindicalismo e fisiologismo político, ao contrário do pretendido, levou à sobrevalorização cambial e à desindustrialização. Só foi possível sustentar um crescimento econômico medíocre enquanto durou a alta dos preços dos produtos primários puxados pela demanda da China. A ineficiência do Estado nas suas funções básicas — segurança, infraestrutura, saúde e educação — agravou-se significativamente. Ineficiência realçada pela redução da pobreza absoluta na população, que aumentou a demanda por serviços de qualidade.

Loteado e inadimplente em suas funções essenciais, enquanto absorvia parcela cada vez maior da renda nacional para sua própria operação, o Estado passou a ser visto como um ilegítimo expropriador de recursos. Não apenas incapaz de devolver à sociedade o mínimo que dele se espera, mas também um criador de dificuldade. A combinação de uma excessiva regulamentação de todas as esferas da vida com a truculência e a arrogância de seus agentes consolidou o estranhamento da sociedade. Em todas as suas esferas, o Estado deixou de ser percebido como um aliado, representativo e prestador de serviço. Passou a ser visto como um insaciável expropriador, cujo único objetivo é criar vantagens para os que dele fazem parte, enquanto impõe dificuldades e cria obrigações para o resto da população. O contraste da realidade com o ufanismo da propaganda oficial só agravou o estranhamento e consolidou o divórcio entre a população e os que deveriam ser seus representantes e servidores.

A insatisfação com a democracia representativa não é um fenômeno exclusivamente brasileiro. As razões dessa insatisfação ainda não estão claras, mas é possível que o modelo de representação democrática, constituído há mais de dois séculos para sociedades menores e mais homogêneas, tenha deixado de cumprir de modo adequado seu papel, num mundo interligado de 7 bilhões de pessoas, e precise ser revisto. O debate público deslocou-se das esferas tradicionais da política para a internet e as redes sociais. Ameaçada pelo crescimento da internet e habituada ao seu papel de agente da política tradicional, a mídia não percebeu que o debate havia se deslocado.

No caso brasileiro, perplexa com sua aparente falta de repercussão e pressionada financeiramente pela competição da internet, parte da mídia desistiu do jornalismo de interesse público e passou a fazer jornalismo de puro entretenimento. Mesmo os que resistiram, cederam, em maior ou menor escala, à lógica dos escândalos. Foram incapazes de compreender a razão da sua falta de repercussão, pois não se deram conta de que o público e o debate haviam se deslocado para a internet. Surpreendida pelo movimento de protestos, num primeiro momento a mídia não conseguiu avaliar a extensão da insatisfação. Transformou-se ela própria em alvo da irritação popular. Em seguida, aderiu sem convencer, sempre a reboque do debate e da mobilização através da internet. A favor da mídia, diga-se que ninguém foi capaz de captar a insatisfação latente antes da eclosão do movimento das ruas. As pesquisas apontavam, até muito recentemente, grande apoio à presidente da República, considerada quase imbatível, até mesmo por seus eventuais adversários nas próximas eleições. Nenhuma liderança soube captar e expressar o mal-estar contemporâneo. Este é provavelmente o seu elemento novo: a internet viabiliza a mobilização antes que surjam as lideranças. Tanto as possibilidades como os riscos são novos.

O projeto nacional-desenvolvimentista combina o consumismo das economias capitalistas avançadas com o produtivismo soviético. Ambos pressupõem que o crescimento material é o objetivo final da atividade humana. Aí está a essência de seu caráter anacrônico. Os avanços da informática permitiram a coleta de um volume extraordinário de evidências sobre a psicologia e os componentes do bem-estar. A relação entre renda e bem-estar só é positiva de fato até um nível relativamente baixo de renda capaz de atender às necessidades básicas da vida. A partir daí, o aumento do bem-estar está associado ao que se pode chamar da qualidade de vida, cujos elementos fundamentais são o tempo com a família e os amigos, o sentido de comunidade e confiança nos concidadãos, a saúde e a ausência de estresse emocional.

Os estudos da moderna psicologia comprovam aquilo que de uma forma ou de outra, mais ou menos conscientemente, intuímos todos: nossa insaciabilidade de bens materiais advém do fato de que o bem-estar que eles nos trazem é efêmero. Para manter a sensação de bem-estar, precisamos de mais e novas aquisições. O consumismo material tem elementos parecidos com o do uso de substâncias entorpecentes que causam dependência física e psicológica. No mundo todo, a população parece já ter intuído a exaustão do modelo consumista do século XX, mas ainda não encontrou nas esferas da política tradicional a capacidade de participar da formulação das alternativas. Apegada a fórmulas feitas, a política continua pautada pelos temas e objetivos de um mundo que não corresponde mais à realidade de hoje. As grandes propostas totalizantes já não fazem sentido. O nacionalismo, a obsessão com o crescimento material, a ênfase no consumo supérfluo, os grandes embates ideológicos, temas que dominaram a política nos últimos dois séculos, perderam importância. Hoje o que importa são questões concretas, relativas ao cotidiano, questões de eficiência administrativa para garantir a qualidade de vida.

É significativo que os protestos no Brasil tenham começado com a reivindicação do passe livre nos transportes públicos urbanos. A questão da mobilidade nas grandes metrópoles é paradigmática da exaustão do modelo produtivista-consumista. A indústria automobilística foi o pilar da industrialização desenvolvimentista e o automóvel, o símbolo supremo da aspiração consumista. O inferno do trânsito nas grandes cidades, que se agrava tanto mais bem-sucedido é o projeto desenvolvimentista, é a expressão máxima da completa inviabilidade de prosseguir sem uma revisão profunda de objetivos. Ao que parece, a sociedade intuiu a falência do projeto do século passado antes que o Estado e aqueles que deveriam representá-lo — governo e oposição, Executivo, Legislativo e imprensa — se dessem conta de que hoje trabalham com objetivos anacrônicos.

A insatisfação difusa dos protestos pode vir a ser o catalisador de uma mudança profunda de rumo, que abra o caminho para um novo desenvolvimento, não mais baseado exclusivamente no crescimento do consumo material, mas na qualidade de vida. Para isso é preciso que surjam lideranças capazes de exprimir, formular e executar o novo desenvolvimento.

PARA REPENSAR O ESTADO

Desenvolvimento como liberdade, cidadania e espírito público

TRÊS INTERPRETAÇÕES DA REALIDADE BRASILEIRA

Começo por uma análise das interpretações da realidade brasileira nos últimos anos, desde a estabilização da moeda, com o advento do real. É possível classificar, de forma esquemática, três interpretações distintas.

A primeira é aquela que poderíamos chamar de radical conspiratória. Reconhece-se que houve nesse último quarto de século uma grande transformação do capitalismo mundial. Os avanços da tecnologia e a expansão dos mercados, por intermédio do comércio e do movimento de capitais, derrubaram as fronteiras territoriais. Ao contrário entretanto do que se supõe, esse novo capitalismo financeiro internacional globalizado não nos conduzirá a uma homogeneização progressiva da riqueza e do desenvolvimento, nem é uma tendência inexorável da modernidade capitalista. Trata-se do resultado de uma estratégia político-financeira explícita, imposta desde o início dos anos 1980 ao mundo pelo poder hegemônico americano, cujas raízes remontam ao redesenho do cenário internacional desde o fim da Segunda Guerra. O processo de globalização não seria, assim, resultado inevitável da evolução tecnológica, da revolução nas telecomunicações e nos transportes, mas fruto de uma estratégia geopolítica que culminou com a queda do Muro de Berlim, a desintegração da União Soviética e o sucateamento dos projetos nacionais independentes.

De forma esquemática, essa linha de análise da nossa realidade considera que o alinhamento automático com o que se convencionou chamar Consenso de Washington e com o que se considera políticas "de corte neoliberal" é hoje um fato consumado.

Desde a estabilização da moeda, o Brasil teria apenas procurado inserir-se — pegar uma carona — no novo ciclo de liquidez internacional, sem nenhum projeto de desenvolvimento nacional. Com a desvalorização do real no início de 1999 e o acordo com o FMI, o país teria abandonado até mesmo a pretensão de ter uma política econômica própria. Estaríamos sob a tutela integral da aliança do Tesouro americano com os organismos financeiros multilaterais. Essa tutela não teria sido, entretanto, uma imposição externa, mas sim uma opção interna das elites, numa bem-sucedida aliança entre uma nova parcela da tecnocracia atrelada às altas finanças internacionais e às velhas lideranças políticas e empresariais. Uma aliança que estaria simplesmente levando às últimas consequências um projeto de inserção internacional com a transnacionalização radical do centro de decisão.

As altas taxas de juros internas, obrigatórias para atrair capitais externos, e o decorrente aumento do endividamento público teriam criado déficits estruturais e recorrentes As tentativas de ajuste têm estrangulado os governos em todos os níveis e levado a uma crescente ingovernabilidade. Estaríamos, assim, condenados a crises sucessivas e crescentes.

Há alternativa? O radicalismo niilista não vai além de clamar vagamente por um projeto nacional autêntico. Sua interpretação fatalista de uma realidade que nos conduz inexoravelmente ao desastre não deixa espaço para a formulação de alternativas. Seu discurso soa como um negativismo crônico, um lamento rancoroso, em que não há espaço para a formulação de políticas.

Passemos então à segunda interpretação da realidade brasileira desses últimos anos. Trata-se da que poderíamos chamar de neodesenvolvimentismo estatal, que é uma versão superficialissimamente revista do desenvolvimentismo liderado pelos gastos públicos e baseado na substituição das importações dos anos 1950.

O neodesenvolvimentismo parece ter duas vertentes. Para a primeira, a restrição orçamentária do setor público e a questão fiscal são simplesmente inexistentes. O sistema de preços é incapaz de resolver de forma satisfatória a questão da alocação de recursos e dos investimentos. O Estado deve retomar imediatamente a liderança dos investimentos, tanto por meio da ação direta como da regulamentação indicativa dos investimentos privados. Há "gargalos na cadeia produtiva" que nos levariam a crises externas recorrentes, e para evitá-los é preciso reintroduzir a ação direta do Estado como investidor e um sistema seletivo de proteção tarifária, e retomar a substituição de importações.

A questão social, segundo essa interpretação, seria mera questão de volume dos gastos públicos. Basta aumentar as dotações orçamentárias para as áreas sociais que, num prazo relativamente curto, atingiríamos níveis comparáveis aos dos países desenvolvidos quanto aos nossos indicadores sociais.

Para essa primeira vertente do neodesenvolvimentismo não existe restrição fiscal. A verdadeira restrição é política. Não há vontade ou força política para usar o sistema fiscal, tributar e gastar, para promover, por meio da ação direta do Estado, a imperativa redistribuição de renda e riqueza no país.

A segunda vertente do neodesenvolvimentismo reconhece a existência da questão fiscal e da restrição orçamentária. O longo e penoso período de inflação crônica, os retumbantes fracassos de toda tentativa, mais ou menos engenhosa, de estabilização monetária sem atacar com seriedade a questão do desequilíbrio fiscal, tornou difícil sustentar, para quem pretende algum grau de racionalidade na análise macroeconômica, a tese de que a restrição orçamentária do setor público é mera retórica conservadora.

A aceitação da restrição orçamentária para essa vertente do neodesenvolvimentismo não passa, entretanto, de concessão formal. Como o crescimento e o equacionamento da questão social são imperativos para a retomada do caminho do desenvolvimento, e segundo o neodesenvolvimentismo não há alternativa senão por meio da ação direta do Estado, é preciso encontrar uma saída para escapar dessa perturbadora restrição.

A saída é a interpretação de que a verdadeira restrição advém do ônus do serviço de uma dívida pública excessiva. Reconhece-se assim a restrição orçamentária, mas para logo descartá-la, como fruto do serviço de uma dívida pública interna e externa excessiva. O passo seguinte é formular uma alternativa, mais ou menos radical, para o seu repúdio. Tal repúdio seria política e moralmente justificável, pois é condição para as melhorias sociais, para a redução das desigualdades e para a retomada do desenvolvimento.

Trata-se, portanto, da velha irresponsabilidade fiscal sob uma precária máscara de respeito à restrição orçamentária. Sob um diagnóstico aparentemente coerente, que procuraria apenas compatibilizar a imperiosa urgência da questão social com o respeito à restrição orçamentária do setor público, está a velha desconfiança no sistema de preços como alocador de recursos, a crença na economia dos coeficientes fixos e no planejador onisciente.

Reconhece-se a restrição orçamentária e a revolução tecnológica que integrou o mundo ao novo processo de globalização — o que confere à análise um sentido de racionalidade e realismo — para logo em seguida encontrar nessas próprias transformações — em especial a internacionalização e o nervosismo do mercado de capitais, que exigiria juros internos insustentavelmente altos — a justificativa para repudiar a dívida pública e abrir espaço para a velha irresponsabilidade fiscal.

Não há distinção de fundo em relação à primeira vertente do neodesenvolvimentismo, apenas de forma. Trata-se de um projeto anacrônico, que a realidade das últimas três décadas demonstrou ser incapaz de alcançar os objetivos propostos, além de ser um perigoso ideário desorganizador da economia, sempre entre crises inflacionárias e de balanço de pagamentos.

A terceira interpretação da atual realidade brasileira é a que se pode chamar de reformismo modernizador.

Reconhece-se que houve avanços significativos nos últimos anos, e em particular que a estabilização da moeda a partir do real foi bem-sucedida. A retomada do crescimento, entretanto, ficou aquém do esperado e muito aquém do desejado. O país precisa voltar a crescer às taxas observadas entre o pós-guerra e o início dos anos 1970. Só a retomada do crescimento acelerado será capaz de recolocar-nos no trilho do desenvolvimento e da redução das desigualdades sociais.

O cerne das dificuldades enfrentadas desde o real estaria na falta de uma reorganização fiscal de fundo, que deveria ter precedido, ou acompanhado, a estabilização monetária. O real foi acompanhado de uma precária trégua fiscal através da aprovação de um "fundo" que permitiu alguma desvinculação de receitas.

A falta de uma verdadeira reorganização fiscal está na raiz dos problemas que temos enfrentado e do modesto crescimento desde a introdução do real. Uma reforma fiscal de fundo permitiria a redução das taxas internas de juros, atrairia capitais externos de longo prazo e aceleraria o processo de reestruturação produtiva — a passagem de uma economia fechada e cartelizada para uma economia aberta e competitiva. A decorrente redução das incertezas e do risco no país estimularia os investimentos, aumentaria a produtividade do trabalho e aceleraria o crescimento.

A verdadeira reforma fiscal tem três vertentes interligadas e indissociáveis: a tributária, a previdenciária e a trabalhista. As três hoje se combinam num sistema fiscal distorcivo de alocação de recursos, ineficiente nos seus objetivos e insustentável a prazo mais longo.

A reforma fiscal em suas três dimensões está, entretanto, emperrada. São temas complexos e abrangentes que não têm solução fácil. Exigiriam alterações constitucionais, e daí o impasse político. Há sempre o risco de derrota ao tentar aprová-las, o que poderia aumentar a incerteza e a impressão de fraqueza do governo. O resultado é a opção por uma mediocridade cautelosa, uma política de pequenos curativos sucessivos, que é frustrante e impede a retomada do crescimento sustentado.

SUAS RESPECTIVAS PROPOSTAS

Analisemos então essas três interpretações da realidade atual sob o ponto de vista de suas contribuições para as perspectivas do desenvolvimento.

A primeira, o niilismo radical, não oferece alternativas: trata-se de um mero lamento rancoroso contra o mundo, cuja única proposta compatível, embora não explícita, é um isolacionismo autárquico que não merece maior atenção. A segunda, o neodesenvolvimentismo, tem propostas, mas é um projeto anacrônico que desde o início dos anos 1970 demonstrou ser não apenas incapaz de atingir seus objetivos como uma proposta profundamente desorganizadora.

O reformismo modernizador surge então como a única interpretação com uma proposta coerente.

A direção dessa proposta me parece correta, mas é preciso entender por que, apesar de ser a proposta do governo, de um governo presidencialista, majoritário, reeleito após ter tido sucesso contra a inflação crônica, ela encontra dificuldades paralisantes, que provocam frustrações capazes de fazer com que as duas interpretações anteriores, não obstante suas flagrantes deficiências, apareçam como alternativas plausíveis.

A verdade é que falta ao reformismo modernizador um projeto mais abrangente, uma visão de maior alcance. Ainda que as reformas tributária, previdenciária e trabalhista fossem formuladas e aprovadas de maneira adequada, não nos transformaríamos automaticamente numa economia moderna e de alta produtividade, numa sociedade desenvolvida.

A ação direta do Estado em áreas de educação, saúde e saneamento é imperativa para reduzir não apenas as desigualdades no setor moderno da economia, mas sobretudo a exclusão social. Só o crescimento, ainda que em ritmo mais acelerado que o observado nas últimas décadas, não será capaz de reduzir a exclusão social na velocidade requerida. É possível que a pronunciada dualidade da sociedade brasileira possa até mesmo vir a se agravar com a mera retomada do crescimento do segmento moderno da economia. A revolução tecnológica da informática e das telecomunicações pode vir a aumentar o fosso entre a mao de obra educada e a não qualificada: enquanto a produtividade do trabalho no setor moderno aumenta rapidamente, a absorção dos excluídos se torna mais difícil.

Os obstáculos criados pela dualidade social não são, entretanto, apenas de ordem econômica, mas sobretudo política. A exclusão social torna a democracia de massa mais sujeita aos males do populismo, do caudilhismo e da corrupção política, o que agrava o descrédito da vida pública.

O DESENVOLVIMENTO COMO EXPANSÃO DAS LIBERDADES: AMARTYA SEN

Acredito que seja preciso incorporar à proposta do reformismo modernizador uma visão mais abrangente do desenvolvimento. A melhor definição desse objetivo hoje me parece a dada por Amartya Sen, que recebeu o Nobel de economia em 1998.

O desenvolvimento deve ser entendido como um processo de expansão das liberdades substantivas e da cidadania. O crescimento é apenas um meio de expandir as liberdades dos membros da sociedade. Liberdades, ou possibilidades, que vão da disponibilidade de serviços sociais, como a educação, a saúde e o saneamento, até os direitos civis e a participação na vida pública.

Para Amartya Sen, os mercados devem ser defendidos como a liberdade de trocar mercadorias, de comerciar e de contratar, que é parte essencial das liberdades substantivas que compõem o objetivo do desenvolvimento. Porém Sen chama a atenção para o fato de as liberdades não serem apenas o objetivo do desenvolvimento, mas os principais meios do desenvolvimento. O papel instrumental da liberdade no desenvolvimento tem múltiplos componentes que se inter-relacionam.

É justamente no fomento, no fortalecimento e na proteção dessas liberdades, das possibilidades humanas, que a ação do Estado e da sociedade tem um papel fundamental a desempenhar. Ao contrário, entretanto, do que pretende o neodesenvolvimentismo, não se trata de um papel de entrega sob encomenda, mas um papel de sustentação, de garantia das condições de expansão das liberdades e das possibilidades humanas.

OS RISCOS DO "REFORMISMO MODERNIZADOR"

O risco do reformismo modernizador é, portanto, o de uma visão economicista limitada do projeto de desenvolvimento. O reformismo modernizador corre o risco, do ponto de vista macroeconômico, de restringir-se a um comportamento de prudência orçamentária para ajustar-se a uma visão caricaturalmente simplificadora do que é o bom comportamento para os investidores internacionais. Essa seria uma interpretação ingênua das verdadeiras condições de uma inserção adequada na economia globalizada deste fim de século.

Do ponto de vista microeconômico, o risco do reformismo é incidir no equívoco, primário mas recorrente, de associar o capitalismo de mercado competitivo a um sistema movido exclusivamente pelo autointeresse, pelo egoísmo e pela ganância. O mercado competitivo é uma sofisticada construção intelectual. Para aproximar-se desse "ideal-tipo", o capitalismo moderno depende de poderosos sistemas de normas e valores. Como observou Weber, a ética do capitalismo moderno é condição fundamental das suas extraordinárias realizações. O mercado competitivo e as condições de eficiência que dele podem ser deduzidas devem-se não apenas ao fato de as trocas serem permitidas, mas também dependem de uma sólida base institucional, de estruturas jurídicas adequadas e de uma ética de comportamento que desenvolva a confiança no contratado.

O mercado competitivo não é, portanto, resultado do *laissez-faire* radical. Há um enorme trabalho cultural e institucional a ser feito para dele nos aproximarmos. Ainda que esse trabalho seja bem-sucedido e que o setor moderno da economia se aproxime do paradigma da economia competitiva, o esforço do desenvolvimento nacional não estaria completo.

Apesar de sua eficácia, a ética capitalista e o mercado competitivo têm alcance limitado no tratamento das desigualdades sociais e, especialmente, parecem incapazes de resolver a questão da exclusão social nas sociedades dualistas como a nossa. Não há, portanto, uma solução "automática" para o problema das sociedades marcadas pela dualidade e pela exclusão social que acompanha o crescimento do capitalismo moderno. Esse é, sem dúvida, o calcanhar de aquiles do reformismo modernizador, quando formulado na sua versão ingênua de um liberalismo equivocado.

Existem, portanto, dois níveis de dificuldades a ser superados num projeto de desenvolvimento abrangente. Primeiro, é preciso criar o sistema ético e institucional do capitalismo moderno que não pode ser confundido com o elogio da ganância e da cupidez. As sociedades pré-capitalistas, em que o subdesenvolvimento das "virtudes" capitalistas é acentuado, têm grandes dificuldades para criar uma economia de mercado com um mínimo de eficiência e de produtividade. Segundo, é preciso ir além do quadro institucional e ético do capitalismo moderno para lidar com a desigualdade e, sobretudo, com a exclusão social.

Quanto ao primeiro nível de dificuldade, é possível argumentar que o segmento moderno da economia brasileira está muito à frente de outros países latino-americanos e do Leste Europeu. Há, entretanto, ainda muito a ser feito. Quanto ao segundo nível de dificuldades, o problema me parece bem mais complexo.

COMPROMETIMENTO, EMPATIA E ESPÍRITO PÚBLICO

Ainda segundo Amartya Sen, a superação das desigualdades e da exclusão depende do que ele chama "comprometimento". Sen distingue "empatia" de "comprometimento". Quando procuramos minorar as dificuldades dos excluídos porque ajudá-los nos faz sentir melhor ou mais felizes, trata-se de "empatia". Quando procuramos atacar as causas das desigualdades e da exclusão, trata-se de "comprometimento". Segundo Amartya Sen, o comprometimento depende do "espírito público".

O espírito público é resultado da vida pública lato sensu, daquilo que Hannah Arendt chamou de "ação", uma das três grandes atividades humanas (as outras duas são o "trabalho" e a "obra").

Para ir além do moderno capitalismo competitivo, que concluímos ser condição da superação das desigualdades e da exclusão numa sociedade dual como a nossa, é preciso ir além das virtudes capitalista, é preciso criar "comprometimento", que por sua vez depende do espírito público que é resultado da "ação", da Política, com "P" maiúsculo, da vida pública no sentido amplo do termo. O grande desafio do desenvolvimento é, portanto, a valorização da cidadania e do espírito público.

Vida pública, capitalismo de massa e os desafios da modernidade[*]

O GRANDE DESAFIO DE NOSSO TEMPO

Para Hannah Arendt em *A condição humana*, numa tese retomada por Richard Sennett em *O declínio do homem público*, a moderna desvalorização da vida pública, que é a outra face da hipervalorização do trabalho, tem suas raízes no avanço do capitalismo industrial iniciado no século XIX e atinge seu ápice na consolidação do moderno capitalismo de massa do século XX.

Aceita a tese de Arendt, estaríamos diante de um desafio monumental: o capitalismo competitivo parece imbatível na alocação eficiente de recursos e na criação de riqueza; é, contudo, incapaz de resolver automaticamente a questão das desigualdades e da exclusão social que dependem acima de tudo da valorização da vida pública, da política e da cidadania. Ocorre que a moderna desvalorização da vida pública teria suas raízes no próprio desenvolvimento da mentalidade capitalista moderna.

[*] Palestra proferida em abril de 2002 no Insper.

Como simultaneamente desenvolver o comportamento, a ética e os valores do moderno capitalismo de massas e revalorizar a vida pública e a cidadania? Demonstrar que estas não são propostas inconciliáveis é o grande desafio do projeto de desenvolvimento nos tempos atuais.

O moderno capitalismo de massa revelou-se imbatível como sistema de produção de riqueza. Sua superioridade foi de tal forma esmagadora que não parece haver, hoje, nenhuma alternativa para a organização da economia. Acontece que esse mesmo capitalismo competitivo não consegue resolver de forma automática a questão das desigualdades e da exclusão social. A redução das desigualdades depende, essencialmente, da valorização da vida pública, da política e da cidadania. A desvalorização da política e da vida pública tem, entretanto, raízes profundas na modernidade. Está intimamente associada à hipervalorização do trabalho, processo que teve início com o avanço do capitalismo industrial do século xix e que atinge seu ápice com a consolidação do capitalismo de massa do século xx.

Ora, se não existe alternativa à altura do capitalismo competitivo para a criação de riqueza, se esse capitalismo é incapaz de sanar automaticamente a questão da desigualdade, que depende sobretudo da valorização da política, e a desvalorização da vida pública tem suas raízes justamente no desenvolvimento da mentalidade capitalista moderna, estamos diante de um desafio monumental.

A frustração das esperanças de que o Brasil chegasse ao século xxi como um país equânime e desenvolvido tem sido atribuída, dependendo da orientação ideológica, a razões distintas. De um extremo ao outro do espectro ideológico — que teve redução significativa ao longo das últimas décadas —, entretanto, as análises críticas são, essencialmente, operacionais e conjunturais.

O projeto de desenvolvimento da segunda metade do século xx frustrou-se por não compreender a natureza ao que parece irreconciliável da ética e dos valores do moderno capitalismo de massas com a valorização da vida pública e da cidadania.

O esforço para transformar os países subdesenvolvidos da segunda metade do século XX em sociedades desenvolvidas, democráticas e equânimes será necessariamente frustrado enquanto o desafio de tornar compatível a valorização da vida pública com os valores do moderno capitalismo de massas não for enfrentado.

O grande impasse de nosso tempo: a incompatibilidade entre o sistema mais eficiente na geração de riqueza e a valorização da cidadania, indispensável para dar-lhe sentido.

O DESCRÉDITO DA POLÍTICA

A política está desvalorizada. Desacreditada, a vida pública perdeu importância, capacidade de atrair atores e mobilizar plateias. Trata-se de uma constatação difícil de ser contestada. Não há necessidade de perder tempo para dar exemplos.

Os políticos são vistos hoje com enorme desconfiança. A motivação dos que optam pela vida pública é questionada. A vaidade, o gosto do poder pelo poder, ou simplesmente interesses escusos, acredita-se, seriam as verdadeiras forças motrizes da opção pela política.

Quero argumentar que essa crise é grave e tem raízes profundas. Toda tentativa de circunscrevê-la à esfera do estritamente político, às circunstâncias, ou a um quadro institucional específico, subestima a gravidade da questão e levará, de forma inevitável, a conclusões incompletas.

O paralelo entre a modernidade e os anos de decadência do Império Romano tem sido recorrente. Toda comparação entre civilizações em diferentes períodos históricos deve ser tratada com cuidado. Há, contudo, uma dimensão da crise do Império Romano após a morte de Augusto, a retração da esfera pública, que pode ser associada à atual desvalorização da política.

Com a decadência do Império, a partir do fim da era de Augusto, os romanos passaram a tratar as obrigações da vida pública como mera obrigação formal. O argumento é de Richard Sennett, em *O declínio do homem público*: das cerimônias políticas aos ritos militares do Império, todo contato formal entre cidadãos fora dos círculos familiares passou a ser visto como apenas um dever. Dever cumprido a cada dia com menos entusiasmo, de forma passiva, de acordo com as regras estabelecidas da *res publica*, na qual não havia mais nenhum investimento emocional.

A progressiva perda da importância da esfera pública e o crescente desinteresse pelos assuntos de Estado e pela política foram acompanhados pelo peso crescente atribuído a esferas alternativas da vida. A outra face da anemia da vida pública foi o investimento emocional de caráter místico na vida privada. As seitas religiosas se multiplicaram, até que o cristianismo assumisse uma posição dominante e se transformasse num novo princípio de organização da vida.

A vida pública, hoje, também é percebida como uma pesada obrigação formal, cada vez mais desprovida de sentido. A tese de Sennett é que, nos tempos atuais, a falta de paciência com os assuntos públicos vai além da esfera política propriamente dita. Todo tipo de contato com não conhecidos, entre cidadãos, é percebido como formalismos sem sentido e até mesmo com um toque antiquado de mau gosto.

A grande diferença entre o período de decadência romana e a Idade Moderna está no significado atribuído à vida privada. O romano buscava na vida privada um princípio alternativo de ordenação da vida, baseado numa transcendência religiosa, para substituir a vida pública imperial em decadência. O homem moderno, por sua vez, não busca na vida privada nenhum princípio organizador, mas sua identidade psicológica, uma tentativa de encontrar o que seriam seus sentimentos autênticos.

A moderna obsessão introspectiva levou a uma situação em que as questões e os acontecimentos, se impessoais, não conseguem despertar emoção e, portanto, interesse. Ao mesmo tempo, as questões e os acontecimentos só despertam interesse se tratados, ainda que de forma indevida e desvirtuada, como questões pessoais. As implicações para a esfera pública são de toda ordem.

O desenvolvimento em paralelo dos meios de comunicação criou uma alternativa para o exercício da vida pública sem contato entre estranhos. A vida pública mediada dispensa o contato direto entre cidadãos. Mas, para evitar o risco de vir a tornar-se, ela também, vítima do desinteresse generalizado, a vida pública por intermédio dos meios de comunicação se vê na obrigação de personalizar os temas e as questões. A vida pública moderna é um teatro de percepções, intermediadas pelos meios de comunicação, no qual a ação e os temas são menos importantes do que a tentativa de criar uma ilusão de intimidade entre os atores e o grande público.

Para Sennett, a desvalorização da esfera pública que acompanha a obsessão introspectiva do homem moderno não é apenas mais um fenômeno psicológico. Suas raízes estão no avanço da secularização e do capitalismo industrial iniciados no século XIX.

O POLÍTICO E O SOCIAL

Esta é também a tese desenvolvida de forma magistral por Hannah Arendt em *A condição humana*.

O progresso tecnológico e os avanços da ciência da idade moderna poderiam, em princípio, nos aproximar do que todos em todas as épocas ansiaram, mas só acessível ao pequeno grupo da elite. Curiosamente, a aproximação da tão desejada liberdade da obrigação do trabalho foi acompanhada, na modernidade, de uma extraordinária valorização teórica do trabalho. Arendt argumenta que tal glorificação do trabalho transformou toda a sociedade moderna, como em nenhuma outra época, numa sociedade de trabalhadores.

Os avanços da ciência e da técnica são, assim, uma vitória de Pirro: a possibilidade de libertar-se do jugo do trabalho acontece justamente quando só se valoriza o trabalho, quando se perdeu a noção das atividades alternativas, mais nobres e significativas, em nome das quais a liberdade deveria ser alcançada. Confrontamo-nos com a perspectiva de uma sociedade de trabalhadores sem trabalho. Compreende-se, assim, o moderno horror provocado pela possibilidade de o progresso tecnológico vir a eliminar a possibilidade do emprego. Nada mais atemorizante do que a ameaça do desaparecimento da única atividade em que ainda é possível encontrar sentido.

Como chegamos à sociedade de trabalhadores, a um mundo onde o trabalho é glorificado como a única atividade significativa? A tese de Hannah Arendt é que a desvalorização da política, da vida pública, e a valorização do trabalho são duas faces do mesmo fenômeno que atinge seu ápice com a consolidação do moderno capitalismo industrial.

TRABALHO, OBRA E AÇÃO

Para compreender o papel da vida pública na Antiguidade clássica, Hannah Arendt propõe uma classificação das atividades humanas em três categorias fundamentais: o trabalho, a obra e a ação. Estas seriam as três atividades fundamentais porque correspondem a cada uma das condições básicas da vida humana. O trabalho é a atividade associada ao atendimento das necessidades biológicas. A obra, a atividade que corresponde ao universo do simbólico, imortal, que se opõe ao natural, em que cada vida define sua individualidade. A ação é a atividade que corresponde à interação entre os homens, a tudo aquilo que decorre do fato de que os homens, e não a humanidade, vivem sobre a terra. Embora todas as atividades e todos os aspectos da condição humana estejam, de certa forma, associadas à política, a ação é a atividade política por excelência, sem a qual não há política.

A confusão entre o político e o social, embora date da tradução do grego para o latim e de sua adaptação para o pensamento romano e cristão, tornou-se ainda maior com o sentido moderno dado ao termo sociedade. Com o moderno Estado-nação desaparece a inequívoca distinção grega entre os domínios privado e público; desaparece a linha demarcatória clara entre a esfera da pólis e a esfera do lar e da família, entre as atividades associadas a um mundo comum e as atividades associadas ao sustento biológico.

Tal distinção, que parecia evidente, axiomática, para o pensamento clássico, perde nitidez com o entendimento moderno do social: concebe-se a sociedade, o conjunto de pessoas e de comunidades, à imagem e semelhança da família, que exige uma administração familiar, uma enorme administração familiar, mas nada essencialmente diferente. A sociedade seria, portanto, apenas uma superfamília de famílias organizadas politicamente no que se chama de nação. A moderna teoria econômica, em especial, é toda baseada nesse grande paralelo entre a família e a nação. Sua concepção atomística pressupõe que o comportamento econômico do todo reflita a mera agregação das células familiares. O leitor já terá, com certeza, se deparado com a recorrente analogia entre os países em crise e as famílias que gastam "além dos seus recursos", que não são capazes de "viver dentro do seu orçamento". Uma analogia tão atraente quanto simplista.

A DESCOBERTA DA INTIMIDADE

Nem mesmo o mais recôndito recinto da intimidade está a salvo do avanço inexorável do social. O público e a política foram apenas suas primeiras vítimas. Uma vez que as antigas questões privadas da administração doméstica foram alçadas à esfera pública, não há mais limite para o seu avanço sobre todas as esferas da vida. A mídia hoje, já sem nenhum pudor — como revela de forma caricatural e patética os chamados *reality shows* —, procura justamente a exposição dos últimos recônditos da intimidade. A aceleração, observada nos últimos tempos, do avanço sobre as áreas antes reservadas ao privado reflete o fato de que a vitória da noção de sociedade trouxe o próprio processo biológico para a esfera pública. Tudo o que estivesse associado às necessidades biológicas na vida humana era antes restrito ao doméstico. Todas as questões relativas à sobrevivência, tanto a dos indivíduos quanto a da espécie, ficavam circunscritas ao domínio privado do lar. Até a recente descoberta da intimidade, não se considerava haver uma vida digna de ser vivida na esfera do privado. A vida restrita ao universo do privado não era considerada diferente da vida de qualquer outro animal, irremediavelmente preso às necessidades biológicas. Daí o desprezo do mundo clássico pelo universo privado.

A tese de Hannah Arendt é que o aparecimento da noção de sociedade alterou a avaliação, mas não a essência das atividades do universo privado: continuam a ser atividades associadas às necessidades biológicas. A substituição da política pelo social deu às atividades ligadas às necessidades biológicas uma importância antes inexistente.

A VALORIZAÇÃO DO TRABALHO

A maior evidência da profunda transformação desencadeada pela substituição da política pelo social é a reviravolta ocorrida na forma de se perceber o trabalho. Antes sempre indissociável da ideia de esforço penoso e humilhante, ao qual o homem precisava se submeter por força de sua natureza, o trabalho adquiriu nos últimos tempos uma respeitabilidade verdadeiramente revolucionária. O fato de o homem ser obrigado a trabalhar sempre foi percebido como algo de tal forma penoso que só algum pecado original poderia estar na sua origem. Embora obrigatório para o sustento da vida, nada de nobre jamais poderia estar associado ao trabalho. Toda possibilidade de excelência, de *aretê* para os gregos, ou de *virtus* para os romanos, sempre esteve no domínio público.

Ao sair do domínio privado e invadir o domínio público, o trabalho tornou-se coletivo e abriu novas possibilidades para sua organização. Os ganhos de produtividade associados à divisão do trabalho e ao progresso tecnológico e administrativo foram, efetivamente, extraordinários.

O que faz a sociedade de massa tão difícil de suportar é menos o número de pessoas do que o fato de que o universo comum desapareceu; as pessoas perderam a razão de se relacionar, tanto de estar juntas como de se separar. É justamente a existência de um mundo comum que cria a possibilidade de visões distintas e de múltiplas perspectivas. O desaparecimento do mundo comum destrói toda possibilidade de avaliar diferentes visões, pois já não há referências. Sem referências, só a perspectiva única, da sociedade de massa homogênea, pode existir. Essa perspectiva única é, entretanto, fugaz e volúvel, pois não há onde ancorá-la.

O FIM DA IMORTALIDADE TERRESTRE

Segundo Hannah Arendt, a perda da preocupação com a imortalidade é o maior testemunho da perda do domínio público na era moderna. O desaparecimento, quase por completo, da busca da imortalidade terrestre ficou, entretanto, obscurecido pela perda simultânea da preocupação metafísica com a eternidade. A busca da eternidade terrestre é parte essencial da política.

Na associação de nosso tempo entre a busca da imortalidade e a do pecado, a vaidade é plenamente justificável: com o desaparecimento de um mundo comum, de objetivos comuns, a busca da imortalidade é, com efeito, vaidade. Sem capacidade de nos relacionarmos, a busca da imortalidade não apenas não faz sentido, como está fadada ao fracasso: sem público de iguais não há possibilidade de distinção e de permanência, mas apenas ondas de comportamentos efêmeros. Assim, a própria admiração pública no mundo moderno, cada vez menos associada aos personagens da vida pública, e deslocada para as estrelas do mundo dos espetáculos e do esporte, é uma admiração consumida em grandes quantidades por períodos cada vez mais curtos. Sem um universo comum, não pode haver parâmetro de avaliação e de comparação para os candidatos à admiração pública. Assim, talvez a mais fútil e fugaz das conquistas, a remuneração financeira, tornou-se o único critério objetivo de classificação das estrelas merecedoras da admiração pública.

PROPRIEDADE E RIQUEZA

Uma distinção fundamental deve ser feita entre o conceito de riqueza clássica e o conceito moderno de riqueza. A riqueza clássica era indissociável da propriedade, ou seja, da propriedade imobiliária. Ser proprietário significava pertencer a determinado lugar, fazer parte de uma esfera pública. A cidadania e a propriedade imobiliária eram indissociáveis. Daí o caráter quase sagrado da propriedade — o lugar do nascimento e da morte. A riqueza era valorizada porque o proprietário rico estava livre para dedicar-se, de modo quase exclusivo, à esfera pública. O valor da riqueza no mundo moderno é essencialmente diferente, é um valor em si. A riqueza moderna é, cada vez mais, dissociada da propriedade ou de qualquer outra forma de concretude. Enquanto a riqueza imobiliária clássica estava ligada à noção de propriedade, de pertencer a um espaço geográfico e político, a riqueza moderna é volátil. Enquanto a riqueza clássica era fundada e associada à permanência e aos direitos de cidadania, conferindo ao seu proprietário direitos e deveres públicos, a riqueza moderna é etérea e só confere a quem a detém o dever de continuar a acumular para não retroceder numa hierarquia simbólica, altamente instável, dos ricos de toda parte.

A riqueza imobiliária conferia ao seu dono, além do direito de cidadania, o tempo para exercê-la. O rico clássico estava liberado das obrigações da necessidade na esfera privada para dedicar-se aos desafios da política na esfera pública. A riqueza clássica era liberadora porque abria para seu detentor a possibilidade de transcender sua vida individual privada e ascender ao mundo em comum dos homens, à esfera pública. Um rico que optasse por se dedicar a aumentar sua fortuna, em vez de exercer a vida pública, estaria sacrificando a liberdade que a riqueza poderia lhe conferir para tornar-se escravo voluntário da necessidade. O absurdo dessa opção — que vem a ser efetivamente a opção moderna — é que, além de uma escravidão voluntária, se trata de uma escravidão voluntária a uma artificialíssima necessidade.

SAI O ACASO E SURGE A INEVITABILIDADE DO PROGRESSO

Os analistas do século XVII se viram diante de um fenômeno até então desconhecido: a possibilidade de um processo de crescimento da renda, da riqueza e do consumo. Na tentativa de explicar tal fenômeno, surge a noção de progresso, de um processo de crescimento da riqueza e das possibilidades. A própria noção de que a humanidade necessariamente progride, em termos tecnológicos e materiais, é uma ideia moderna. Nos últimos dois séculos, esse processo de crescimento econômico e de criação de riqueza, apesar de submetido a ciclos e crises, adquiriu um caráter que parece inesgotável. Segundo Hannah Arendt, é essa característica cíclica e inesgotável que levou à associação do progresso econômico com o processo vital, com a fertilidade natural da vida. No mundo moderno a noção de felicidade foi conceitualizada no ideal de uma humanidade trabalhadora e produtiva. A noção moderna de que a busca da felicidade é um direito, tanto individual como coletivo, é muito diferente do conceito clássico de "boa fortuna", que depende do acaso. Enquanto a boa fortuna clássica depende da sorte, e o que a sorte dá a sorte toma, a moderna crença no direito à felicidade a associa ao progresso material e ao trabalho. À procura da felicidade inesgotável, busca-se a sorte como se fosse possível encontrá-la e preservá-la para sempre.

O que a modernidade defende com tanto ardor não é o direito de propriedade, mas a busca desimpedida de mais riqueza. A modernidade, circunstancial e dinâmica, se contrapõe ao mundo clássico, estrutural e estático. O espaço público é uma defesa da permanência, inerentemente conservador diante da plasticidade infinita da modernidade. Segundo Hannah Arendt, para a modernidade, tudo aquilo que impede o crescimento da riqueza é percebido como uma ameaça à própria vida da sociedade.

O processo de acumulação de riqueza é, portanto, vital, e percebido como tal na Idade Moderna. A riqueza moderna é instável e volúvel. A desvinculação entre a riqueza e a propriedade imobiliária e a transformação de toda riqueza em riqueza financeira são condições da modernidade. Se a riqueza fosse estável, o sistema de incentivos, a criação de necessidades e o próprio dinamismo da vida moderna estariam ameaçados. Não há, entretanto, como compatibilizar a instabilidade da riqueza e a inexistência da propriedade imobiliária com a existência de um espaço público permanente em que existam papéis políticos estáveis. O dinamismo moderno, incompatível com o espaço público clássico, tem como ideal a vida integralmente privada. Ao alçar o trabalho, a mais privada das atividades humanas, à condição de principal, senão única, referência da vida em comum, o mundo moderno deu início à desarticulação do espaço público estável clássico e à transformação do essencialmente privado em algo público. O espaço público do mundo de hoje não é mais o espaço da grande política clássica, mas sim o da divulgação do privado como entretenimento.

A SOCIEDADE DE TRABALHADORES-CONSUMIDORES

A sociedade moderna é uma sociedade de consumidores. Enquanto a cidade clássica era um centro de ação e de produção, a cidade moderna é um centro de consumo. Como o consumo é indissociável do trabalho — trabalho é o esforço cujo resultado é consumível —, vivemos numa sociedade de trabalhadores. A modernidade deu ao trabalhador uma dignidade nunca antes dada. Não apenas os trabalhadores foram admitidos na esfera pública, mas houve uma quase completa redução de todas as atividades humanas ao ato de ganhar a vida. Na idade moderna, em flagrante contraste com todas as épocas anteriores, só têm legitimidade as atividades cujo objetivo é suprir as necessidades e garantir a abundância. Compreende-se assim a moderna obsessão com o "profissionalismo": só tem valor aquilo que é feito "profissionalmente", e profissional é tudo aquilo que é trabalho, voltado para garantir o sustento e a acumulação. Nem mesmo o artista, a quem até pouco tempo foi concedido o direito de exceção, pode se dar ao luxo de descrever-se como não profissional, como um "obreiro" numa sociedade de profissionais, de trabalhadores. A definição de trabalho, por oposição ao lazer, leva a classificar toda atividade não voltada para o atendimento das necessidades vitais dos indivíduos, ou da sociedade, como lazer, jogos, hobbies ou brincadeiras. Até a obra do artista corre o risco de ser interpretada como brincadeira, como hobby, se o artista não fizer um artificialíssimo esforço de apresentar-se como um "profissional", para quem o fruto da venda de seu "trabalho" é vital.

O objetivo da sociedade de consumidores-trabalhadores, na hipótese básica de toda a teoria social, é o crescimento da riqueza e da abundância. Trata-se de um velho sonho, que tem um enorme apelo enquanto é sonho, mas que é apenas um paraíso idiota quando realizado. A falácia está em acreditar que, uma vez liberado do trabalho necessário para suprir as necessidades biológicas, o homem trabalhador moderno se voltaria para atividades mais nobres. Cem anos depois de Marx, sabe-se que o tempo livre do homem trabalhador é integralmente dirigido para o consumo, e quanto mais tempo lhe sobrar, mais voraz será seu apetite consumidor. O fato de o consumo se tornar cada vez mais sofisticado e supérfluo, mais distante das necessidades vitais, não modifica a essência da sociedade moderna: trabalhadores em busca de ganhos de produtividade para produzir mais e ter mais tempo para consumir necessidades cada vez mais supérfluas.

Na sociedade de trabalhadores-consumidores não há atividades públicas, apenas atividades privadas expostas ao público.

Uma vez consciente desse fato, é possível compreender as distorções do jornalismo sensacionalista, do jornalismo de celebridades, e sua simbiose com a política moderna, tema que retomaremos mais adiante.

O universo que resulta da primazia do trabalhador-consumidor é o que se convencionou chamar eufemisticamente cultura de massa, sobre a qual se abate um mal-estar profundo e persistente. Um mal-estar que tem duas dimensões interligadas. Primeiro, uma dimensão econômica, que decorre da tensão entre a valorização do trabalho — transformado na própria fonte de identidade do homem moderno — e a ameaça permanente e crescente de que o aumento de produtividade — resultado, em grande parte, dessa própria valorização — torne o trabalho desnecessário.

A segunda dimensão do mal-estar advém da pretensão do homem trabalhador-consumidor de ser feliz. A felicidade é algo que só pode ser momentaneamente sentido, quando o processo vital de esforço e saciedade, de sacrifício e recompensa, encontra um efêmero equilíbrio. A crença do homem moderno no direito à felicidade, que é, em grande parte, a razão mesma da infelicidade generalizada da sociedade moderna, resulta da primazia do trabalho. Para que a ameaça da falta de trabalho não se materialize, o fruto do trabalho, cada vez mais abundante, não pode se tornar supérfluo. A criação de necessidades artificiais depende da crença de que a felicidade é possível através do atendimento de necessidades. Essa é a razão pela qual só o homem trabalhador do mundo moderno passou a acreditar na possibilidade e no direito de ser feliz. A ilusão da felicidade possível é condição de viabilidade da sociedade de trabalhadores.

Estamos, evidentemente, num dos pontos nevrálgicos da crítica ao moderno capitalismo de massas. Retomaremos mais adiante essas questões, no quadro dos países subdesenvolvidos como o Brasil, onde a dualidade entre o moderno e o excluído, cotidianamente exposta como uma ferida aberta pelos meios de comunicação, acentua de forma dramática a falência do espaço público e do universo comum.

É trabalho toda atividade que está voltada para o atendimento imediato das necessidades vitais. É obra toda atividade criativa, seja ela completamente desvinculada do atendimento das necessidades vitais, como a atividade artística, ou a atividade de invenção de instrumentos que facilitem ou aumentem a produtividade do trabalho.

A AÇÃO E O ESPAÇO PÚBLICO

A ação é a atividade política por excelência, como veremos logo adiante. No trabalho o homem está submetido à natureza, à imposição biológica da necessidade. Na obra o homem é senhor e soberano, pois controla a si próprio e à natureza. Na ação o homem está sempre submetido à dependência dos outros homens.

Enquanto a ação aproxima, o estrelismo distancia. Enquanto a ação vincula os atores, o estrelismo desassocia quem se destaca. Enquanto o ator político se move sempre entre pares, em relação a outros atores, a estrela é um destaque isolado. Compreende-se assim por que no mundo de hoje, com o espaço público desvirtuado, todo destaque na política é tachado de estrelismo. O mundo moderno é implacável com quem ousa destacar-se na esfera pública, com quem foge aos dois únicos papéis atualmente admissíveis: o do esteta — forma sem substância — e o do tecnocrata — instrumento sem objetivo. Todo aquele que se destaca na vida pública moderna é inexoravelmente submetido à impiedosa lógica dos meios de comunicação: a de criar estrelas para logo em seguida abatê-las, no ritmo sôfrego exigido pelo espetáculo de entretenimento.

Arendt considera que, assim como o escravo e o bárbaro estrangeiro da Antiguidade, o trabalhador e o artesão pré-modernos não pertenciam ao espaço público; também não pertencem à esfera pública o empregado e o homem de negócios de nosso tempo. Ninguém é capaz de viver exclusivamente e todo o tempo no espaço público, mas ser destituído de dele participar é ser destituído de realidade. Por quê? Porque, do ponto de vista do universo dos homens, ser destituído de participação no universo político é ser destituído de aparência. Para os homens há uma associação entre aparência e realidade. A realidade do mundo só é dada pela presença dos outros, pelo fato de que o mundo aparece para todos. Só o que é aparente para todos é real. O que não aparece para todos chega e passa como um sonho íntima e privadamente nosso, mas sem realidade.

Observe-se que nos dias de hoje, num mundo de trabalhadores, de massas integradas pelos meios de comunicação, em que o verdadeiro espaço público desapareceu, continua válida a afirmação de que só parece haver realidade onde há aparência. Para o homem moderno, entretanto, o espaço público político foi substituído pelo espaço de entretenimento dos meios de comunicação no qual o essencialmente privado é divulgado. O homem de nosso tempo tem assim a impressão de que ao aparecer nos meios de comunicação, ao ver e ser visto, adquire a dimensão de realidade que lhe falta.

A BUSCA DA PRODUTIVIDADE E O DESAPARECIMENTO DO ESPAÇO DAS APARÊNCIAS

A sabedoria melancólica do Eclesiastes, "Vaidade das vaidades, tudo é vaidade [...] nada há de novo debaixo do sol! [...] Ninguém se lembra dos antepassados, e também aqueles que lhes sucedem não serão lembrados por seus pósteros", não advém, necessariamente, de uma experiência religiosa, mas é, com certeza, inevitável, sempre que desaparece a confiança no mundo como um espaço onde os homens possam aparecer, como um palco para a ação e a palavra, como um palco para a verdadeira política.

A visão clássica do espaço das aparências, da verdadeira política nas palavras de Hannah Arendt, nos parece quase caricaturalmente idealizada. Ao longo da história, sempre houve desconfiança em relação à política e ao poder. Nada, entretanto, mais generalizado na modernidade do que a convicção de que o poder corrompe; de que política é corrupta e corruptora.

Segundo Hannah Arendt, portanto, a valorização da produtividade, a própria razão de ser da economia moderna, relega a verdadeira política a um plano secundário. Ora, é justamente essa valorização da produtividade, a busca permanente do aumento da produtividade que resulta dos incentivos do sistema competitivo de preços, que faz do moderno capitalismo de mercado um sistema insuperável de criação de riqueza. Mas com a política desvalorizada há dificuldade para se definir o espaço das aparências, o espaço comum, a partir do qual é possível nos articularmos. Sem tal espaço, sem a palavra e a ação, sem a grande política, a noção de realidade torna-se difusa, a própria identidade individual se torna difícil de ser encontrada. Sem espaço público, sem denominador comum, não há como encontrar referências. A decorrente perda de senso comum está quase sempre, sustenta Arendt, associada ao aumento da superstição, do esoterismo, a uma crescente alienação do mundo, já que o mundo perde contornos e não é mais claramente perceptível.

O ESTRELISMO E AS CELEBRIDADES

Ainda segundo Arendt, outra decorrência da desvalorização da verdadeira política é o fascínio da modernidade com o gênio artístico. O fascínio com aquele que é suplantado pela própria obra é decorrência da desvalorização da ação e da palavra, do espaço comum. O mito do gênio é, portanto, um fenômeno moderno. Levado ao paroxismo, a modernidade criou finalmente o gênio sem obra. Assim como o gênio artístico, superado pela sua obra, é um fenômeno da era do domínio do homem que cria, o gênio sem obra, a figura da celebridade, é a essência da era pós-moderna, onde predomina o homem trabalhador. A celebridade é alguém que é conhecido por ser conhecido, alguém cuja obra é existir no novo espaço da mídia. Enquanto o herói clássico adquiria fama por agir no espaço público, o herói pós-moderno, a celebridade, adquire fama por aparecer — o termo existir seria inadequado — no espaço da fantasia.

O FAZER SUBSTITUI O AGIR

O que Hannah Arendt critica ao defender de forma tão entusiasmada a vida pública e a política clássica não é, evidentemente, a vida privada, nem tudo aquilo que pertence à vida privada, mas sim a distorção da modernidade que dá publicidade ao privado. Não porque tudo que é privado seja necessariamente indigno de atenção, conforme queriam os clássicos, mas porque a publicidade do privado distorce tanto o público quanto o privado. Assim como a enfática valorização da política, da palavra e da ação, no mundo clássico, segundo Arendt, é um ideal-tipo, uma criação idealizada que se contrapõe à moderna deformação do privado tomado público, também as suas belíssimas observações sobre o perdão e a bondade são o reconhecimento, ainda que não explicitado, da imperiosa necessidade do verdadeiramente privado para que a vida tenha sentido.

GLOBALIZAÇÃO E ALIENAÇÃO GEOGRÁFICA

A conquista do planeta, a Terra finalmente conhecida e mapeada, é um marco da modernidade. Exatamente quando a imensidão dos espaços na Terra é conhecida, tem início o processo de encurtamento das distâncias que culmina com todo homem sendo um habitante da Terra tanto quanto um habitante da sua terra. Nada mais distante dos objetivos dos primeiros exploradores, mais contraditório, já que o objetivo dos descobridores era justamente a expansão dos horizontes na Terra, e não o encolhimento do planeta e a supressão das distâncias.

Segundo Hannah Arendt, o preço dessa conquista do espaço, do encolhimento da Terra, é a alienação do homem em relação ao seu entorno físico, à sua região. Toda redução da distância física é acompanhada do aumento da distância entre o homem e o seu território. A crescente alienação do homem em relação ao seu território é um fenômeno moderno por excelência. Hannah Arendt, morta no início da segunda metade do século xx, não chegou a conviver com a extraordinária velocidade tomada pela revolução das telecomunicações e com o advento da internet do final do século. O que só reforça o brilho e o caráter profético de sua argumentação.

A alienação em relação ao seu espaço, ao entorno geográfico, à sua região, é, portanto, a primeira alienação moderna.

A FRUGALIDADE INTROSPECTIVA DE MAX WEBER

Um segundo tipo de alienação, de natureza muito diferente, mas também associada ao início da modernidade a partir da Reforma, é a decorrente do fenômeno que Max Weber classificou como a mola mestra da mentalidade capitalista moderna e denominou de uma "frugalidade introspectiva". Essa alienação introspectiva apontada por Weber é uma adaptação, uma adequação, às novas condições do mundo, da mentalidade "extramundana" e, como vimos, radicalmente antipolítica, do cristianismo original. Tem-se assim, a partir de eventos desassociados, mas que coincidem com os primórdios da modernidade, a associação dos dois fenômenos que dão início à ruptura definitiva com o espaço público clássico: a alienação geográfica, regional e cultural, a partir do encolhimento das distâncias, e a alienação política, a partir do ascetismo introspectivo introduzido pela Reforma, que é, como apontado por Weber, a pedra fundamental do moderno capitalismo de massas.

ALIENAÇÃO INTROSPECTIVA E ECLIPSE DA TRANSCENDÊNCIA

O desaparecimento da noção de propriedade clássica é, para Arendt, a raiz da alienação do homem moderno em relação ao mundo comum. Sua importância na explicação da alienação moderna se deve ao fato de que há uma excessiva identificação dessa alienação com o processo de secularização. Ainda segundo Arendt, a perda da fé da modernidade não é nem essencialmente religiosa na sua origem, nem está restrita à esfera religiosa. Para ela, ainda que o início da idade moderna seja indissociável de um súbito e inexplicável eclipse da transcendência, da crença numa vida após a vida, a perda da fé que coincidiu com o início da modernidade não devolveu o homem ao mundo e à esfera pública, mas a si mesmo, aprofundando seu mergulho introspectivo. A introspecção moderna tem, portanto, um caráter secular que lhe dá uma nova dimensão. Para Arendt, aí está a importância da descoberta de Weber a propósito das origens do capitalismo: uma atividade intensa, estritamente mundana, tornou-se possível, desassociada de qualquer interesse ou prazer pelo mundo; muito pelo contrário, o motivo de toda essa atividade efervescente não pode ser encontrado no mundo, mas no interesse, no cuidado consigo mesmo.

A moderna alienação em relação ao mundo tem duas vertentes que antecedem a secularização. Por um lado, desde Descartes a preocupação central da filosofia deixou de ser a alma, ou o homem e o seu mundo, para tornar-se o homem em si mesmo, em sua individualidade específica, numa tentativa de reduzir todas as experiências a uma questão do homem consigo mesmo. Por outro lado, as grandes descobertas e o avanço da tecnologia encurtaram as distâncias e reduziram as dimensões da Terra. A propriedade e a família foram inicialmente substituídas pela nação e pela sociedade, e agora o globo substitui a nação.

Para Arendt, o processo de alienação do mundo deverá tornar a proporção ainda mais radical, pois os homens não poderão se transformar em cidadãos do mundo como o são de determinado país. O processo de globalização, iniciado com os grandes descobridores e que se radicaliza com as recentes conquistas tecnológicas nas áreas de transportes e telecomunicações, deverá levar a alienação do homem em relação ao mundo, aos domínios público e privado, a extremos ainda não conhecidos. O eclipse de um mundo público comum, a formação de massas solitárias, a perigosa expansão de uma mentalidade extramundana, que teve início com o desaparecimento da propriedade clássica, se radicaliza com o colapso das distâncias e com o enfraquecimento das identidades nacionais.

É inevitável, ao lermos tais afirmativas no início do século XXI, quase cinquenta anos após a reflexão de Hannah Arendt, um sentimento de admiração diante da lucidez profética da crítica cultural do capitalismo de massas e do progresso tecnológico. Os ecos dessa crítica podem ser encontrados no discurso antiglobalização, no protesto contra o moderno capitalismo, cuja defesa ideológica foi nos últimos anos denominada neoliberalismo. São, entretanto, mais uma vez, apenas estilhaços mal reunidos da crítica cultural da modernidade que desde Weber, passando por Ortega y Gasset, a Escola de Frankfurt e Hannah Arendt, durante a primeira metade do século XX, compreenderam os fundamentos da modernidade e suas trágicas contradições. É curioso que a reflexão crítica da modernidade, tão brilhante e profética, tenha sofrido um refluxo a partir da segunda metade do século XX. Creio que a associação excessiva da crítica cultural do capitalismo moderno tenha se vinculado excessivamente a uma interpretação marxista da realidade do século XX. O retumbante fracasso da experiência comunista — o marxismo em prática — com certeza explica o refluxo da crítica cultural da modernidade que, na sua origem, não era marxista. Creio que as questões levantadas pela crítica cultural da modernidade, pautada pelo capitalismo de massas, purgadas da identificação excessiva com o idealismo marxista, devem ser retomadas para enfrentarmos os enormes desafios que se configuram neste início de século XXI.

O Estado e as manifestações juninas

As observações que fiz a propósito das manifestações de junho, publicadas no *Valor*, com ajuda da divulgação dada por Simon Schwartzman, tiveram uma repercussão surpreendente, mas deram margem a algumas discordâncias. A primeira é quanto à tese de que o Estado gasta grande parte do que arrecada com sua própria operação. Samuel Pessoa (2013), por exemplo, concede que o Estado gasta muito, mas não consigo mesmo, e sim para atender à enorme gama de benefícios que transfere para a sociedade.

Vamos aos números. O Estado arrecada 36% e ainda tem um déficit de 3% da renda nacional. Custa, portanto, 39% do PIB; paga 5% de juros sobre sua dívida; transfere 2% com programas de assistência social, 6% com a previdência de não funcionários e investe outros 2%, num total de 15% da renda. Portanto, dos 36% que arrecada, descontado o que transfere de volta para a sociedade, fica com 21% e ainda tem um déficit de 3%. Portanto, o Estado custa 24% da renda nacional, depois do que transfere diretamente para a sociedade. É alto em relação a qualquer país do mundo, mesmo os mais avançados, mas o fato de ser caro não significa necessariamente que seja ineficiente. Poderia custar muito porque entrega muito. Se o serviço fosse de alto nível, o fato de custar 25% da renda nacional poderia se justificar. Ocorre que, como é mais do que sabido, o serviço prestado pelo Estado brasileiro, em todas as suas esferas, é da pior qualidade.

Para avaliar o grau de ineficiência, devemos comparar o custo com o valor dos serviços prestados. Devemos nos perguntar quanto estaríamos dispostos a pagar pelo serviço do SUS, pela escola e pela segurança que o Estado fornece hoje. Saúde e educação são áreas em que o experimento mental é mais fácil. Pagamos todos por um serviço público que é tão ruim que só o utiliza quem não tem alternativa. O uso generalizado da segurança privada nas grandes metrópoles é mais uma evidência de que o serviço prestado pelo Estado é de péssima qualidade. Quanto custaria terceirizar toda a segurança, a saúde e a educação pública no Brasil para empresas capazes de prestar serviços competentes? Talvez muito menos do que nos custa hoje. O experimento é irreal, pois são atribuições públicas, que não deveriam ser integralmente privatizadas. A segurança, o poder de polícia, é uma das atribuições fundamentais do poder público. Nada mais indicativo da triste falência do Estado que a proliferação da indústria de segurança privada.

A comparação entre a renda de que o Estado se apropria para prestar serviços da pior qualidade com o que custaria um serviço decente é a medida da sua ineficiência. Não se trata só de inchaço da máquina, de abusos, corrupção e incompetência administrativa. O Estado gasta essencialmente com sua própria operação porque o serviço que presta é quase nulo. Se o serviço prestado com educação e saúde é tão ruim que vale quase nada, os 12% da renda nacional que o Estado aloca nessas áreas são primordialmente gastos com a operação do próprio Estado. O fato de não ser um problema apenas gerencial, de desperdício e abusos, não invalida a constatação de que o Estado custa muito e entrega pouco. Como custa muito e entrega pouco, isso significa que parte substantiva da renda que extrai da sociedade é consumida na sua própria operação. Esta é a definição do custo de operação do Estado. Não há outra que faça sentido.

Quanto vale, por exemplo, o serviço prestado pelo Legislativo, a quem o próprio Samuel Pessoa atribui a outorga de benefícios e privilégios a grupos da sociedade, assim como a criação de "amarras legais" que impedem a boa gestão pública? A convocação de um plebiscito para saber se a sociedade quer reduzir o Congresso — assim como as assembleias estaduais e municipais — a uma fração do tamanho e do custo atual seria uma iniciativa interessante para que se tivesse ideia da percepção de eficiência e de valor que lhe atribui a população.

Samuel Pessoa sustenta que o Estado não é ineficiente, pois "avançamos muito na construção de um Estado relativamente impessoal no qual a ocupação de vagas no serviço público ocorre por meio de concursos públicos bastante concorridos e eficientes na seleção dos melhores candidatos". E prossegue: "O mesmo se aplica ao Legislativo: temos uma democracia vibrante e muito competitiva com livre entrada no jogo da política. Não há estamento fechado na política". Para ele, os "gastos excessivos de nosso Estado devem-se à enorme quantidade de benefícios que nosso Estado, por meio do Congresso Nacional, outorga a indivíduos e às enormes amarras legais que há para melhorar a gestão dos serviços públicos básicos de justiça, segurança, saúde e educação". O verdadeiro problema são concessões, direitos e transferências diretas do Estado para grupos da sociedade, frutos de uma cultura de *entitlements*, combinada com grupos de interesse, de *rent-seekers*, que vivem do Estado. O problema é nossa arraigada "cultura da meia-entrada".

Assim formulada, a tese de Samuel parece ser a de que o Estado no Brasil — o Executivo, o Legislativo, e não há por que discriminar o Judiciário — é hoje exclusivamente composto pelos melhores e mais preparados, selecionados de forma impessoal, eficiente e competitiva, para bem servir ao país. Se esse Estado eficiente gasta muito é porque a sociedade o obriga a lhe transferir benefícios excessivos e, ao mesmo tempo, por meio de "amarras legais", o impede de ser ainda mais eficiente. A culpa não é, portanto, do Estado, que é competente, mas da própria sociedade. Ao contrário do que parece, não é o Estado que é caro e "seus membros que mamam no úbere da sociedade", mas sim a sociedade que mama no Estado.

Afirmar que o Estado gasta muito com sua própria operação não significa sustentar que o problema seja meramente gerencial, que bastaria contratar uma boa consultoria externa para melhorar processos, reduzir custos, e o problema estaria solucionado. Embora não se deva desconsiderar a relevância do desperdício associado à incompetência administrativa, é evidente que a questão é mais grave e complexa. Trata-se de um problema sociopolítico, da própria história da formação do Estado no Brasil, da maneira como o Estado se percebe e se relaciona com a sociedade. Samuel Pessoa sustenta que meu argumento sugere que o Estado seja "uma entidade apartada da sociedade", como se houvesse "uma pequena classe ou estamento de onde se originam os ocupantes do Estado e o resto da sociedade é constituída de pessoas que trabalham que nem escravos para manter a vaca bem alimentada para que não falte leite em seu úbere de onde se alimentam os membros do estamento". Curiosamente, essa é a tese de Raymundo Faoro, ao descrever o Estado patrimonialista que herdamos da tradição ibérica: "O Estado projeta-se, independente e autônomo, sobre as classes sociais e sobre a própria nação. Estado e nação, governo e povo são realidades diversas, que se desconhecem, e, não raro, se antagonizam".

O Estado brasileiro não é formado por uma casta hereditária baseada no direito divino, insensível ao resto da sociedade, mas é ainda hoje um Estado patrimonialista. Exatamente por isso, na tentativa de manter sua legitimidade, quando se apropria de quase 40% da renda nacional e presta serviços da pior qualidade, o Estado tem sido obrigado a comprar apoio com todo tipo de concessões a grupos de interesses. São essas concessões, transferências, explícitas ou implícitas, para grupos específicos que, segundo Samuel Pessoa, explicam o gasto excessivo do Estado. Em parte, sim, mas é tão ingênuo interpretar o Estado como vítima de uma sociedade insaciável como considerar que a sociedade não é também responsável pela sua ineficiência.

No Brasil, nunca faltaram defensores do Estado, mas, ao contrário, sempre faltou e continua a faltar quem defenda a sociedade do Estado e dos que dele se apropriam. Hélio Jaguaribe, um dos expoentes da formulação do nacional-desenvolvimentismo, cunhou a expressão "Estado cartorial" para definir o Estado burocrático e clientelista, ocupado pelos interesses conservadores, que impediria a industrialização e a modernização do país. Mais de cinco décadas depois, sua análise ainda é elucidativa de certos aspectos da disfuncionalidade do Estado no Brasil. Embora crítico do Estado cartorial, como bom nacional-desenvolvimentista, Jaguaribe acreditava no seu papel de agente da transformação modernizadora. Seria preciso primeiro modernizar o Estado, transformá-lo de cartorial em funcional, num Estado bismarquiano, para que ele pudesse cumprir seu papel central e insubstituível na promoção do desenvolvimento nacional.

Há sempre um viés, se não autoritário, ao menos voluntarista, na nossa insistência em promover a modernização de cima para baixo, por meio da ação do Estado. A exceção no pensamento político brasileiro é Raymundo Faoro, dos poucos autores que não embarcaram na tese dominante em toda nossa história, de que o Estado era o principal, se não o único, agente da formação nacional. Sua análise é fundamental para compreender o papel do patrimonialismo na formação de uma economia por delegação do Estado. Segundo Faoro, foi o Estado patrimonialista da nossa herança ibérica que retardou a chegada do país ao moderno capitalismo industrial. Como diz Fernando Henrique Cardoso em ensaio recente, a maior virtude de Raymundo Faoro é sua persistência na crença democrática, sua compreensão da importância do liberalismo como contraponto ao roldão do culto ao Estado entre nós. Sempre tivemos dificuldade para dar prioridade à sociedade civil. Não conseguimos compreender que valorizar a sociedade e criticar o patrimonialismo do Estado é o que é de fato democrático e progressista. A tentação de preservar o Estado, para eventualmente usá-lo como agente de nosso projeto, ao contrário, é fruto de nossa tradição antiliberal e antidemocrática.

Contar com o Estado como instrumento de mudança tem sempre uma conotação autoritária. Numa sociedade democrática, as mudanças devem vir da própria sociedade, a quem o Estado deve servir e representar, não intervir e liderar. Falta-nos uma dose de liberalismo clássico: o respeito à lei, o repúdio ao arbítrio, a convicção de que o Estado e seus ocupantes são servidores públicos, que existem para servir e representar. Nosso Estado patrimonialista de origem colonial ibérica foi obrigado a se adaptar ao longo da história. Mudou a forma pela qual se relaciona com a sociedade e se legitima diante dela, mas sobreviveu firme e forte até mesmo à modernização da segunda metade do século xx. Primeiro, sob a aparência do racionalismo burocrático do regime militar e, em época mais recente, travestido de progressismo. O velho Estado patrimonialista se adapta, mas continua a impor regras de cima para baixo, a distribuir benesses, tão autoritário e distanciado da sociedade como sempre foi. Como a sociedade se modernizou, ele é hoje caríssimo e profundamente disfuncional.

Não é preciso perder tempo para dar exemplos do que todos sabem: o Estado brasileiro custa 40% da renda nacional; presta serviços básicos da pior qualidade nas áreas de segurança, justiça, saúde e educação; é arrogante, criador de toda sorte de dificuldades e autor de um cipoal de regulamentação infernal que dificulta a vida em todas as esferas. Quem dá sinais de ter mudado e amadurecido é a sociedade. Daí o descompasso, o agravamento do sentimento de estranheza, que levou aos protestos juninos.

Além da discordância quanto ao alto custo de operação do Estado, minhas observações sobre o mal-estar contemporâneo trouxeram à baila outra discordância. Trata-se da tese de que o produtivismo e o consumismo, a obsessão pelo crescimento econômico e pelo consumo material, é hoje anacrônica. Meu ponto é que a obsessão pelo crescimento pressupõe uma alta correlação entre o aumento do consumo material e o bem-estar. Há hoje evidências de que, acima do nível de renda que atenda às necessidades básicas, essa correlação se enfraquece significativamente. Outros fatores, como o tempo com a família e os amigos, o sentido de comunidade e a confiança nos seus pares, a saúde e a falta de estresse emocional são mais importantes. Estudos mais recentes mostram ainda que períodos de rápido crescimento são particularmente prejudiciais para o bem-estar. Sociedades mais ricas têm maior índice de bem-estar, mas sociedades em transição para níveis mais altos de riqueza têm menos bem-estar. Períodos de transição são desorganizadores e provocam tensões. Não é razão para adotarmos uma postura ultraconservadora, imobilista, mas é preciso desmistificar o crescimento material como única e exclusiva fonte do bem-estar. Os estudos hoje são muitos e, como sempre, há conclusões para todos os gostos, mas algumas são claras: a correlação entre crescimento da renda e bem-estar é mais tênue do que se pressupõe, e outros fatores são tão ou mais importantes para o bem-estar que o crescimento do consumo material.

Criticar a obsessão do governo e da mídia pelo crescimento não significa, como parecem inferir os críticos, assumir que a renda média do brasileiro já seja suficiente, que não devemos mais crescer. Significa apenas compreender que não devemos crescer a qualquer custo, que crescer não irá automaticamente resolver todos os nossos problemas e que, se quisermos viver bem, existem outras prioridades a ser atendidas.

Parece-me óbvio que uma população mundial de mais de 8 bilhões de pessoas não poderá ter os padrões de consumo do Primeiro Mundo sem graves consequências para o equilíbrio ecológico. O crescimento material eterno num mundo finito é uma impossibilidade lógica. Constatada essa impossibilidade, a evidência de que podemos dispensar o aumento permanente do consumo material para viver bem é uma ótima notícia, mas não é necessário acreditar que estejamos às portas de uma catástrofe ecológica para perceber o equívoco que é fazer do aumento do consumo material o objetivo final da atividade humana.

A insustentável força do simples

O mundo contemporâneo é superpovoado e interligado. O resultado é o aumento da sua complexidade. Tanto na esfera privada quanto na vida pública, a complexidade é um desafio. A própria palavra complexidade está hoje em toda parte, um modismo, usada e abusada, a caminho de se tornar um desgastado lugar-comum.

Parece inevitável que sociedades maiores e mais complexas sejam mais difíceis de ser administradas, exijam mais das empresas, das instituições e do Estado. Há uma inexorável correlação entre tamanho e complexidades em toda empreitada humana.

O problema da escala e da complexidade está hoje em toda parte, mas é ainda mais grave onde é menos reconhecido: na esfera da vida pública. As sociedades modernas cresceram e se sofisticaram, tornaram-se mais complexas. Para acompanhar, em toda parte, o Estado foi obrigado a crescer. Vito Tanzi, em *Government versus Markets: The Changing Economic Role of the State*, publicado em 2011, faz uma isenta e ponderada análise do inexorável avanço do Estado sobre todas as esferas da vida. O peso do Estado, medido pela fração da renda nacional que extrai da sociedade, cresceu sistematicamente em todos os países. De níveis inferiores a 10% no início do século xx, o avanço foi sistemático, em toda parte, sobretudo a partir da década de 1930. No Brasil de hoje, com o Estado absorvendo quase 40% da renda, já estamos próximos dos países onde essa fração é a mais alta.

Quando se exige mais do Estado, é razoável supor que o seu custo, e também a proporção da renda por ele intermediada, suba, mas há correlação entre a qualidade do Estado e o seu custo. É mais provável que, a partir de determinada escala, a complexidade do Estado passe a ser um fator detrator da sua qualidade e eficiência. Há um momento em que o próprio Estado se torna excessivamente complexo. Como não faz sentido criar um Supraestado para regular o Estado, o problema não pode ser resolvido com mais regulamentação. Há limite para o que pode ser resolvido pela regulamentação. A partir de certo ponto, a eficácia de mais regulamentação se torna não apenas questionável, porém também contraproducente; mais regulamentação não diminui, mas contribui para a complexidade.

Como ter um governo mais eficiente no seu papel, sempre relevante e cada vez mais complexo, de regulador e de provedor de bens públicos? A complexidade impede que o Estado atue como regulador, na busca de eficiência e justiça, da defesa do bem comum. A complexidade legal e burocrática leva o Estado a perder de vista seu objetivo de promotor do bem comum. O gigantismo desvia sua atenção para si mesmo, torna-o simultaneamente ator e público de sua peça. De representante dos interesses comuns da sociedade e prestador de serviços, o Estado passa a se preocupar primordialmente consigo mesmo e com a defesa de seus próprios interesses. De regulador isento, passa a atuar como aliado dos agentes que deveria regular, aliado de grupos de interesses específicos, com o objetivo de aumentar seu poder e sua influência.

O Estado, mesmo nas democracias representativas, deixou de ser o legítimo representante da sociedade para a defesa do bem comum. Passou a defender primordialmente os próprios interesses, os interesses de seus integrantes e, subsidiariamente, para não perder completamente a legitimidade, passou a executar uma política de "*entitlements*". Foi cooptado por grupos de interesses específicos, num processo cuja contrapartida é o aumento contínuo do Estado e de sua participação na renda nacional.

A complexidade reduz a eficácia, a eficiência e a capacidade de ser controlado pelos que deveria representar. É preciso repensar a forma de atuação do Estado. Como compatibilizar a irredutível complexidade do mundo contemporâneo com a primazia do indivíduo, dos direitos e das liberdades individuais? A questão não é trivial. A crise das democracias representativas, em toda parte do mundo, até mesmo no país-símbolo da vida democrática moderna, os Estados Unidos, permite muitas interpretações, mas me parece que é sobretudo devido a um fenômeno parecido: a excessiva complexidade do Estado-nação contemporâneo.

Reunidos recentemente em Viena num seminário para discutir o tema da complexidade no mundo contemporâneo, especialistas concordaram que a gestão de negócios, hoje, está mais complicada do que jamais foi, e que a capacidade de lidar com a complexidade é prioridade na agenda dos empresários. Como em todas as outras esferas da vida contemporânea, os homens de negócios são confrontados com muito mais de tudo o tempo todo.

A maior ameaça às empresas, assim como a toda empreitada humana, sempre foi o excesso de complexidade, inevitável a partir de certa escala. Embora, em tese, as empresas devessem ter como objetivo satisfazer seus clientes, ser eficientes e maximizar a rentabilidade, na prática o que quase todas procuram é crescer. Num primeiro momento, crescer é de fato a melhor maneira de aumentar a rentabilidade, mas a partir de certo ponto, ao contrário, crescer e manter qualidade e rentabilidade se tornam objetivos antagônicos.

O tamanho do mercado impõe limites ao crescimento. Por isso as empresas procuram novos mercados, por meio da internacionalização ou da diversificação de suas atividades. A diversificação é questionável do ponto de vista dos acionistas, que não precisam que a empresa faça por eles aquilo que podem fazer por conta própria, pois têm sempre a alternativa de diversificar suas carteiras. Se a empresa tiver alguma vantagem específica, que possa ser aproveitada em mercados que exijam presença local, a internacionalização pode se justificar, mas também não é simples. Enquanto a diversificação expõe a empresa aos desafios de mercados e produtos desconhecidos, a internacionalização a expõe a arcabouços culturais e legais distintos.

Os desafios externos associados à diversificação e à internacionalização são de tal ordem que a maioria das empresas que enveredam por esses caminhos se vê obrigada, em algum momento, a questionar, e eventualmente rever, suas estratégias. Os desafios internos, os problemas relacionados ao bom funcionamento da própria empresa, os chamados problemas administrativos, de pessoal, os controles de custos e riscos, assim como as dificuldades de cumprir as normas legais, aumentam de forma significativa a partir de uma dada escala, ainda que sem diversificação ou internacionalização. Os grandes conglomerados, que andaram na moda na segunda metade do século xx, tornaram-se inadministráveis ao crescer e tentar participar de indústrias diferentes em toda parte.

A complexidade reduz a produtividade, leva ao aumento dos custos de *compliance*, à redução da criatividade, a um processo de esclerose progressiva e até à asfixia. Por isso parece haver um ciclo segundo o qual as empresas crescem, se diversificam e se internacionalizam, até que sua gestão se torne tão complexa que a rentabilidade seja afetada e a estratégia precise ser revista. Diversificar, vender ativos, voltar às origens passam a ser as palavras de ordem, quase sempre depois de uma crise grave. Das muitas causas da crise de 2008, a perda de controle das — assim como nas — instituições financeiras, que tinham se tornado excessivamente grandes e complexas, está com certeza no topo da lista.

A revolução tecnológica nas comunicações e o avanço da globalização criaram novos desafios mesmo para as empresas que não optaram pela internacionalização. Quando a tecnologia evolui de forma rápida e é de acesso praticamente irrestrito, também as empresas nacionais estão sujeitas à exposição e à competição internacional.

Na conferência de Viena, duas linhas alternativas de interpretação se delinearam. A primeira sustenta que aquilo que aparenta ser de maior complexidade é apenas uma nova ordem. A revolução da informática tornou obsoleta a administração linear, de comando e controle, que deve ser substituída por uma nova administração baseada em redes espontâneas e administradas com autonomia. O mundo contemporâneo é não linear, e as empresas, assim como as demais instituições, ainda não se adaptaram a essa não linearidade. O caminho a ser seguido é reconhecer a nova ordem e não insistir na tradicional gestão de comando e controle, pois é a imposição de um estilo anacrônico de gestão que a torna excessivamente complexa. De acordo com a segunda interpretação, é preciso simplificar, ainda que por imposição de cima para baixo. Deve-se optar por alguns poucos objetivos claros capazes de dar um foco e uma direção.

Capitalismo de Estado patrimonialista*

O sentimento no exterior com relação ao Brasil mudou em 2013. O otimismo no país já vinha em queda fazia algum tempo, mas a percepção externa parece ter finalmente alcançado — e até mesmo ultrapassado — o recente desalento doméstico. A evidente deterioração da situação fiscal brasileira — apesar do uso de todo tipo de manobras contábeis para impedir que a extensão da piora fique clara — é o fator mais preocupante para analistas e investidores estrangeiros. A queda do superávit primário se refletiu num aumento do prêmio de risco, medido pelo seguro financeiro contra a probabilidade de calote — os chamados CDS — da dívida brasileira.

A alta do prêmio de risco, se entendido como a probabilidade de o país vir a ter problema de solvência com sua dívida pública, como ocorreu no passado recente, me parece despropositada. A dívida em moeda estrangeira, especialmente a dívida pública, é pequena, não passa de 5% do PIB. Mesmo a dívida bruta total,

* Publicado em *O Estado de S. Paulo*, 22 dez. 2013.

que os truques contábeis têm menos capacidade de maquiar, está em torno de 60% do PIB. É alta, mas está longe de ser preocupante. O prêmio de risco reflete um desconforto mais difuso sobre o futuro do país. Os problemas são muitos, a grande maioria não é nova, mas há uma dimensão especialmente grave no atual quadro brasileiro: um Estado despreparado, patrimonialista, com objetivos próprios, dissociados da sociedade.

Desde a estabilidade monetária, o país vinha fazendo avanços sistemáticos na ordenação das finanças públicas. A carga fiscal passou de 25% para 36% do PIB e a dívida pública estava em queda. O processo foi revertido a partir de 2008. É preocupante, mas o problema do Estado brasileiro, hoje, não é de solvência, nem de descontrole macroeconômico, que poderia ser revertido, mas o fato de atuar contra a sociedade, a favor de seus interesses próprios. O custo do Estado está hoje perto de 40% da renda anual, equivalente aos mais altos do mundo, mas seu desempenho é abaixo da crítica.

O papel do Estado sempre foi um tema polêmico. Durante o século XX, tomou contornos ideológicos tão demarcados que praticamente inviabilizou o debate sereno e reacional. Parece inevitável que sociedades maiores e mais complexas sejam mais difíceis de ser administradas, exijam mais das empresas, das instituições e também do Estado. Há uma inexorável correlação entre tamanho e complexidades em toda empreitada humana. O mundo está superpovoado e definitivamente interligado pelo avanço das comunicações e da informática. A questão da escala e da complexidade está em toda parte, mas é ainda mais grave onde é menos reconhecida: na esfera da vida pública. As sociedades modernas se sofisticaram, tornaram-se mais complexas. O Estado foi obrigado a crescer para atender às suas novas funções.

Em livro de 2011, Vito Tanzi faz uma isenta e ponderada análise do inexorável avanço do Estado sobre todas as esferas da vida. O peso do Estado cresceu sistematicamente em toda parte do mundo. A proporção da renda extraída da sociedade pelo Estado, que costumava ser inferior a 10% no início do século xx, dobrou lá pela metade do século, até atingir mais de 40% neste início de século xxi. O avanço foi constante, sobretudo a partir da década de 1930.

Quando se exige mais do Estado, é razoável que o seu custo suba, mas espera-se que haja alguma correlação entre o custo e o serviço prestado, entre o custo e a qualidade do Estado. Não foi o que ocorreu no Brasil. Ao contrário, a rápida elevação recente da fatia da renda extraída da sociedade não foi acompanhada pelo investimento em infraestrutura. Houve séria deterioração da segurança pública e um dramático aumento da criminalidade. Não houve melhora digna de nota nem na educação, nem na saúde. O saneamento e o transporte público continuam abaixo da crítica.

Notícias recentes indicam que mais de 20% das pessoas — até 50% em alguns estados — dizem ter sido vítimas de assaltos nos últimos doze meses. O nível de compreensão da língua e da matemática dos alunos brasileiros, segundo resultados recém-divulgados do Programme for International Student Assessment, o Pisa, exame de avaliação internacional de estudantes conduzido pela ocde, é deplorável. O Brasil continua entre os últimos colocados, junto com a Albânia, a Tunísia e a Jordânia, muito abaixo do Chile e do México. O World Economic Forum publica anualmente um índice global de competitividade. O Brasil caiu para o 56º lugar este ano. Ocupa o 80º lugar em relação ao funcionamento das instituições e a 124ª posição em relação à eficiência do governo. A educação está na 121ª posição e a confiança nos políticos, na 136ª. Os bolsões de excelência tecnológica e a qualidade do empresariado ocupam a 36ª e a 39ª posições. As estatísticas e os rankings apenas confirmam uma realidade perceptível a olho nu: o Estado brasileiro não está à altura do estágio de desenvolvimento do país.

A herança patrimonialista, misturada aos desafios de um país grande e desigual, a meio caminho para o mundo desenvolvido, criou um Estado caro, ineficiente e, sobretudo, disfuncional. Um Estado cujo único objetivo é viabilizar a expansão de seu poder e de suas áreas de influência. Um Estado que cria uma regulamentação kafkiana, com exigências burocráticas cartoriais absurdas, cujo resultado é aumentar custos, reduzir a produtividade e complicar todas as esferas da vida. O patrimonialismo do Estado brasileiro, sua incapacidade de respeitar os limites e os deveres em relação à sociedade, tem longa tradição, mas toma novos contornos com a sofisticação da economia, com a chegada do país à sociedade do espetáculo e à democracia de massas. O uso e o abuso das técnicas publicitárias, a criação de dificuldades de toda ordem para a venda de facilidades, a simbiose com a cultura dos direitos especiais adquiridos e a aliança com grupos econômicos selecionados são a nova face do velho patrimonialismo.

Diante da polarização do debate, a crítica ao patrimonialismo do Estado tende a ser desqualificada como uma reação conservadora aos avanços da cidadania. Cada uma das dimensões do progresso da cidadania — a civil, a política e a social – enfrentou, a seu tempo, fortes reações ideológicas. O século XVIII foi palco da luta pela cidadania civil, pelos direitos de opinião, de expressão e pela justiça. No século XIX, avançaram os aspectos políticos da cidadania, o direito ao voto e de participação política. Finalmente, no século XX, sobretudo a partir da década de 1930, houve o avanço da dimensão social, com a criação dos sistemas de assistência e previdência, de educação e de saúde pública, capazes de garantir um padrão de vida mínimo para o exercício das demais dimensões da cidadania.

Adotado depois da grande crise do capitalismo do início dos anos 1930, o Estado assistencialista foi uma forma de aliviar as pressões sociais e o apelo do comunismo marxista, mas nunca deixou de enfrentar resistência. Resistência que encontrou na teoria econômica um poderoso aliado. A economia sempre teve um de seus pilares na tese de que os mercados competitivos tendem ao equilíbrio eficiente. O mercado competitivo é uma construção intelectual, uma referência importante para a alocação eficiente de recursos, mas a polarização ideológica levou a uma inferência indevida: a de que toda interferência governamental sobre o livre mercado seria contraproducente. Com a vitória incontestável dos direitos sociais, a teoria econômica paga até hoje o preço político de ser percebida como intrinsecamente conservadora. Toda crítica à falta de critérios e à ineficiência do gasto público, sobretudo se embalado como gasto social, é tachada de reacionária e desconsiderada. No Brasil de hoje, o velho patrimonialismo do Estado se esconde por trás do assistencialismo. O patrimonialismo indefensável se reveste de assistencialismo inatacável. Desde que sob o guarda-chuva de gasto social, toda sorte de abuso patrimonialista não admite questionamento.

A divisão do trabalho, o comércio internacional e os mercados são poderosos estímulos à criação de riqueza, mas dependem de leis, instituições e do Estado organizado com inteligência. A complexidade do mundo contemporâneo exige do Estado ainda mais do que suas funções clássicas. As modernas sociedades democráticas requerem, necessariamente, algum tipo de assistencialismo distributivista, o que exige a coordenação do Estado. O desafio é ter um Estado competente, que contribua para uma sociedade melhor e cujos serviços justifiquem seu custo.

Um seminário recente, em Viena, em homenagem a Peter Drucker, reuniu expoentes da administração para discutir o tema da complexidade no mundo contemporâneo. Concordaram que a gestão dos negócios está mais complicada do que jamais foi e que a capacidade de lidar com a complexidade é prioridade na agenda dos empresários. Como em todas as outras esferas da vida contemporânea, os homens de negócios são confrontados com muito mais de tudo o tempo todo. Duas linhas alternativas de interpretação se delinearam. A primeira é de que é preciso simplificar, concentrar em alguns poucos objetivos, dar às empresas um foco e uma direção para os que nela trabalham, ainda que por imposição, de cima para baixo. A segunda interpretação sustenta que a maior complexidade é apenas uma nova ordem, que exige a revisão do modo de se administrar. A revolução das comunicações e da informática tornou obsoleta a administração linear, de comando e controle, que deve ser substituída por uma nova, baseada em redes espontâneas de módulos autônomos. O mundo contemporâneo é não linear, e as empresas, assim como as demais instituições, ainda não se adaptaram a essa não linearidade. O caminho a ser seguido é reconhecer a nova ordem e não insistir na tradicional gestão de comando e controle, pois é a imposição de um estilo anacrônico de gestão que é contraproducente na complexidade contemporânea.

As duas interpretações exprimem as alternativas para se lidar com a complexidade contemporânea, não apenas na vida empresarial, mas também na vida pública. A opção por simplificar, ainda que de cima para baixo, por concentrar em alguns objetivos claros e dar uma direção para o país tem enorme apelo diante das dificuldades da democracia representativa. O encanto provocado pelo novo capitalismo de Estado chinês é exemplo do apelo da simplificação autoritária. Como demonstrou a experiência soviética, é sempre possível acelerar o crescimento por meio da mobilização centralizada de poupança e do investimento estatal, com base em grandes planos, formulados a partir de um "projeto nacional" definido pelo Estado. A estratégia demonstrou ser bem-sucedida para as economias de baixa renda, em que as taxas de poupança e investimento são limitadas pelas necessidades básicas de consumo. Enquanto se percorrem caminhos tecnológicos conhecidos, é possível acelerar autoritariamente o crescimento, mas quando a economia se aproxima da fronteira tecnológica, a estratégia do planejamento estatal deixa de obter resultados.

Tendo aprendido as lições do fracasso do planejamento central soviético, o capitalismo de Estado chinês compreendeu que não poderia prescindir dos mercados. Usa as companhias estatais para garantir investimentos nos setores considerados estratégicos e utiliza empresas privadas escolhidas para dominar os mercados. Os resultados foram extraordinários, mas as tensões e desafios têm aumentado. Embora a China tenha dado sinais de que pode vir a aumentar o papel dos mercados, é pouco provável que a flexibilização mude a essência do modelo. Seu objetivo é manter o poder político concentrado na mão do Estado e maximizar a probabilidade de perpetuação do governo.

Há uma diferença fundamental entre o Brasil e a China. A China tem uma tradição milenar de autoritarismo burocrático competente. O custo do Estado é menos de 30% da renda e está em queda. Já a participação do Estado no investimento, na chamada formação bruta de capital fixo, é de 21% do PIB. Ou seja, só o investimento direto do Estado chinês é uma proporção maior da renda nacional do que todo o investimento brasileiro, público, privado e estrangeiro, que não chega a 19% do PIB. Na China, o Estado é competente, custa pouco e investe muito. No Brasil, o Estado é caro e incompetente, não investe nem cumpre suas funções básicas.

É questionável se o investimento estatal direto ainda seria capaz de fazer a diferença e acelerar o crescimento no Brasil. O modelo foi adotado por aqui durante o regime militar. Depois de reformas modernizadoras, inteligentemente concebidas e adotadas com competência, as taxas de crescimento atingiram níveis de até dois dígitos durante o chamado "milagre econômico" da primeira metade da década de 1970. O seu esgotamento, a partir da década de 1980, deixou um triste legado: o Estado deficitário e endividado, as empresas estatais esclerosadas e duas décadas de estagnação sob o signo da inflação crônica.

Na última década, o Brasil se beneficiou do ganho nas relações de troca com o exterior. A alta dos preços dos produtos primários, provocada pela demanda da China, significou uma expressiva transferência de renda para o Brasil. Os governos do PT foram inteligentes o bastante para manter as bases da política macroeconômica, mas passaram a desmontar as reformas que viabilizaram a estabilidade monetária. O processo se acelerou a partir da crise de 2008. Aparelharam o Estado, criaram novas estatais e elegeram parceiros privados incompetentes. Com a desculpa de praticar uma política anticíclica, expandiram o gasto corrente do governo, mas não investiram em infraestrutura. O resultado é conhecido: baixa produtividade, uma economia que não cresce e contas públicas que se deterioram.

Não é possível saber se o capitalismo de Estado chinês continuará bem-sucedido, mas uma coisa é certa: o capitalismo chinês requer um Estado competente e autoritário. No Brasil, não temos a requerida competência, nem desejamos — quero crer — o autoritarismo. Diante da complexidade do mundo contemporâneo, a tentação da solução autoritária estará sempre presente, mas o caminho mais promissor é o da alternativa delineada na conferência de Viena: não insistir na tradicional gestão centralizada, de comando e controle, mas avançar na descentralização. Um Estado autoritário e patrimonialista, sustentado pela demagogia, o marketing e a intimidação, em que apenas as aparências democráticas são respeitadas, é o caminho mais rápido para a volta ao subdesenvolvimento. A fórmula, como demonstra sua aplicação na Argentina e em outros países vizinhos, é devastadora.

Não há como bem governar com o Estado disfuncional. A primeira tarefa de quem pretende fazer um bom governo será reconstruir o Estado. No lugar de insistir numa reforma de cima para baixo, de comando e controle, deveríamos experimentar a descentralização. Deveríamos voltar à federação, dar autonomia aos estados e aos municípios em todas as suas esferas, da fiscal à segurança, à saúde e à educação. Como escreveu Albert O. Hirschman no prefácio da edição alemã do seu *Exit, Voice, and Loyalty*: "Assim como os economistas, com ênfase nas virtudes da competição (isto é, da 'saída'), não deram atenção à contribuição da 'voz', os cientistas políticos, com seu interesse na participação política e no protesto, negligenciaram o possível papel da 'saída' na análise do comportamento político". Tenho a impressão de que mais possibilidade da opção de "saída" em relação à "voz", isto é, de ter a opção de se mudar em vez de protestar, é mais importante do que nunca em um mundo complexo e interligado.

Os mercados não são milagrosos, mas um pouco de competição no sistema político, sob o guarda-chuva de uma verdadeira federação, pode ser a única forma de viabilizar a complexidade contemporânea com a democracia e a existência de Estados eficientes e com mais respeito pelos contribuintes.

Referências bibliográficas

AARONSON, Scott. "Why Philosophers Should Care about Computational Complexity". *Computability: Gödel, Turing, Church, and Beyond*. Cambridge: MIT Press, 2012.

ACEMOGLU, D.; JOHNSON, S.; ROBINSON, J. "Reversal of Fortune: Geography and Institutions in the Making of the Modern World Income Distribution". *Quarterly Journal of Economics*, v. 117, pp. 1231-94, 2002.

ARENDT, Hannah. *A condição humana*. Trad. de Roberto Raposo. Rio de Janeiro: Forense Universitária, Salamandra, 1981.

BECKER, Ernest. *A negação da morte*. Trad. de Luiz Carlos do Nascimento Silva. Rio de Janeiro: Nova Fronteira, 1976.

BREUER, Janice Boucher; MCDERMOTT, John. "Respect, Responsibility, and Development". *Journal of Development Economics*, Elsevier, v. 105(C), pp. 36-47, 2013.

_____. "Economic Depression in the World". *Journal of Macroeconomics*, Elsevier, v. 38(PB), pp. 227-42, 2013.

CAMUS, Albert. *O mito de Sísifo*. Trad. de Paulina Watch e Ari Roitman. Rio de Janeiro: Record, 2004.

DAMÁSIO, António. *E o cérebro criou o homem*. São Paulo: Companhia das Letras, 2011.

_____. *O erro de Descartes: emoção, razão e cérebro humano*. São Paulo: Companhia das Letras, 1996.

DAWKINS, Richard. *O gene egoísta*. Trad. de Rejane Rubino. São Paulo: Companhia das Letras, 2007.

DESCARTES, René. *O discurso do método*. Trad. de Paulo Neves. São Paulo: L&PM, 2005. (Coleção L&PM Pocket).

EMERSON, Ralph Waldo. "Self-Reliance". In: _____. *Essays: First Series*. Nova Delhi: Eurasia Publishing House, 1965.

FOUCHET, Max-Paul. "Grandir avec Camus". *Le Magazine Littéraire*, Paris, 2010.

FROMM, Erich. *O coração do homem*. Trad. de Octavio Alves Velho. Rio de Janeiro: Zahar, 1965.

_____. *A arte de amar*. Belo Horizonte: Itatiaia, 1961.

GORDON, Robert G. "Is US Economic Growth Over?". *CEPR Policy Insights*, n. 63, set. 2012. Disponível em: <http://www.cepr.org/sites/default/files/policy_insights/PolicyInsight63.pdf>.

HALL, Robert E.; JONES, Charles I. "Why Do Some Countries Produce So Much More Output Than Others?". *Quarterly Journal of Economics*, n. 114, pp. 83-116, 1999.

HAUSMANN, Ricardo et al. "Growth Accelerations". *Journal of Economic Growth*, v. 10, n. 4, pp. 303-29, dez. 2005.

HIRSCHMAN, Albert O. *Exit, Voice, and Loyalty: Responses to Decline in Firms, Organizations, and States*. Cambridge: Harvard University Press, 1970.

HOFSTADTER, Douglas. *Gödel, Escher, Bach: um entrelaçamento de gênios brilhantes*. Trad. de José Viegas Filho. Brasília: UnB, 2001.

HOFSTADTER, Douglas; SANDER, Emmanuel. *Surfaces and Essences: Analogy as the Fuel and Fire of Thinking*. Nova York: Basic Books, 2013.

HOLT, Jim. *Por que o mundo existe?* Trad. de Clóvis Marques. Rio de Janeiro: Intrínseca, 2013.

JUDT, Tony. *When the Facts Change*. Londres: Penguin, 2015.

KAHNEMAN, Daniel; TVERSKY, Amos. "Prospect Theory: An Analysis of Decision under Risk". *Econometrica*, n. 47(2), pp. 263-91, mar. 1979

KIERKEGAARD, Søren. *O desespero humano*. Trad. de Adolfo Casais Monteiro. São Paulo: Unesp, 2010.

LEIBNIZ, Gottfried Wilhelm. "Princípios da natureza e da graça fundados na razão." In:_____. *Discurso de metafísica e outros textos*. Trad. de Marilena Chauí e Alexandre da Cruz Bonilha. São Paulo: Martins Fontes, 2004.

NAGEL, Thomas. *Mind and Cosmos: Why the Materialist Neo-Darwinian Conception of Nature Is Almost Certainly False*. Oxford: Oxford University Press, 2012.

NORTH, Douglass; WALLIS, John; WEINGAST, Barry. *Violence and Social Orders: A Conceptual Framework for Interpreting Recorded Human History*. Nova York: Cambridge University Press, 2009.

pessoa, Samuel. "As manifestações da rua e o direito à meia-entrada". Simon's Site, 7 jul. 2013. Disponível em: <http://www.schwartzman.org.br/sitesimon/?p=4545&lang=pt-br>.

piketty, Thomas. *O capital no século XXI*. Trad. de Monica Baumgarten de Bolle. Rio de Janeiro: Intrínseca, 2014.

pritchett, Lant; summers, Lawrence H. "Asiaphoria Meets Regression to the Mean". *NBER Working Paper*, n. 20573. Cambridge: National Bureau of Economic Research, 2014.

reinhart, Carmen; rogoff, Kenneth. *Oito séculos de delírios financeiros: desta vez é diferente*. Trad. de Afonso Celso da Cunha Serra. Rio de Janeiro: Elsevier, 2009.

rodrik, Dani. "Institutions for High-Quality Growth: What They are and How to Acquire Them". *NBER Working Paper*, n. 7540, fev. 2000.

sennett, Richard. *O declínio do homem público: as tiranias da intimidade*. Trad. de Lygia Araújo Watanabe. São Paulo: Companhia das Letras, 1988.

szent-györgyi, Albert. *O macaco louco*. Lisboa: Europa-América, 1980. (Coleção Livro de Bolso).

tanzi, Vito. *Government versus Markets: The Changing Economic Role of the State*. Cambridge: Cambridge University Press, maio 2011.

weinberg, Steven. *Sonhos de uma teoria final: a busca das leis fundamentais da natureza*. Trad. de Carlos Irineu da Costa. Rio de Janeiro: Rocco, 1996.

wilkinson, Richard; pickett, Kate. *The Spirit Level: Why Equality is Better for Everyone*. Londres: Penguin, 2010.

Índice remissivo

Aaronson, Scott, 76, 79
Abe, Shinzo, 45, 55
Abenomics (experimento monetarista japonês), 45
Acemoglu, D., 42
Adler, Alfred, 104
agricultura, 18-20, 34
água encanada, 16
Albânia, 190
Alemanha, 48
algoritmos, 77, 89
alienação moderna, 169-73
Allen, Woody, 101
América Latina, 60
animais, 84, 102, 115
Antiguidade clássica, 157
antropologia, 101, 109
aquecimento global, 65, 68
Arendt, Hannah, 7, 151-2, 156-7, 159, 161, 163, 168-74
aretê, 160

Argentina, 195
Arte de amar, A (Fromm), 109
"Asiaphoria Meets Regression to the Mean" (Summers & Pritchett), 37
Assis, Machado de, 80
assistencialismo, 192
astronomia, 99
atividade econômica, 18-23
Atkinson, Anthony, 24
Augusto, imperador romano, 155
autoilusão, 109
automóveis, 123-6, 136
autoritarismo, 128, 194-5

Bacha, Edmar, 65*n*
balanço de pagamentos, 145
Balzac, Honoré de, 28
Banco Central americano, 37, 55
Banco Central brasileiro, 128
Banco do Japão, 45
bancos centrais, 44-7, 55-6

Barcelona, 125
base monetária, 45-6
Becker, Ernest, 101, 104-7, 116, 120-1
belle époque, 24
Belo Horizonte, 124-5
bem-estar, 8, 22-3, 33, 50, 61, 135-6, 181
Benedict, Ruth, 105
bens de consumo, 48, 56, 58-9
bens materiais, 33, 135
bens públicos, 58-9, 184
Bergson, Henri, 112, 116
Bernanke, Ben, 37, 46, 55, 58
Birth and Death of Meaning, The (Becker), 101
bolha imobiliária, 40
bolhas financeiras, 44
Bolsa Família, 132
bolsas de valores, 66
Boole, George, 70
Born, Max, 111
Brasil, 41, 56, 59, 127-30, 136, 142, 153, 166, 176-9, 184, 188, 190, 192, 194-5
Bretton Woods, acordos de, 51
Breuer, Janice Boucher, 39
brittleness, 80
Brown, Norman, 104
Buda, 113
budismo, 86

Campos, Roberto, 131
Camus, Albert, 94-5, 104
Canadá, 51
Capital no século XXI, O (Piketty), 23
capitalismo, 8, 29, 31-2, 131, 141, 149-57, 166, 169, 172-4, 180, 188, 191, 193-5
Cardoso, Fernando Henrique, 180

carga tributária, 32, 130, 189
caudilhismo, 148
CDS da dívida brasileira, 188
Centro de Estudos Brasileiros (Oxford), 7
ceticismo, 17, 61, 114
Chile, 190
China, 34, 37-8, 40, 43, 53, 58, 60, 133, 193-5
Chomsky, Noam, 79
ciclos macroeconômicos, 38
cidadania, 8, 141, 148, 151-4, 162, 191
Cidade Jardim, ponte da (São Paulo), 123
cientificismo, 82
cinema, 34
circuitos cerebrais, 90
comércio internacional, 192
commodities, 21, 53
competitividade, 34, 190
compliance, 186
computação, 73-9, 82, 89, 91
computadores, 17, 74-5, 78-81
comunismo marxista, 174, 191
concentração da renda, 23-5, 28, 30, 33, 36
concentração da riqueza, 24, 29
concorrência internacional, 34, 60
condição humana, 104, 112, 158
Condição humana, A (Arendt), 7, 152, 156
Congresso Nacional, 177
consciência, 82-7, 90, 92-3, 102-3, 109, 112, 115-6
Consenso de Washington, 142
consumismo, 135-6, 181
consumo, 17-8, 35, 43, 48, 51, 54-6, 59, 61, 136-7, 163-5, 181-2, 193
Contas Nacionais, 17-8

Coração do homem, O (Fromm), 109
Coreia, 41
correlações e causalidades, 106-7
corrupção, 148, 176
cosmologia, 98
crescimento da renda, 13-5, 17, 35, 163, 181
crescimento demográfico, 13-5, 26, 33, 49, 51, 54
crescimento econômico, 8, 14, 16, 22-3, 30, 33, 133, 163, 181
criatividade, 59-60, 73-4, 123, 125, 186
criminalidade, 33, 190
crise financeira de 2008, 33, 52, 59, 67, 127, 132, 187, 189, 195
crises financeiras, 8, 32, 35, 41-2, 44, 49, 52, 122, 131, 142-3, 145, 163
cristianismo, 95, 155, 172
cultura, 95, 100, 102-7, 111-4, 116-7, 119, 121, 172, 174, 186

Damásio, António, 82-7, 91
Darwin, Charles, 87, 91
darwinismo, 88
Dawkins, Richard, 115
debate público, 17, 47, 49, 51, 134
Declínio do homem público, O (Sennett), 152, 155
deflação, 46, 55, 57
Delfim Neto, Antônio, 41
demagogia, 124, 195
democracia, 7, 28, 30, 33, 60-1, 127, 134, 147, 177, 185, 191, 193, 196
Depressão dos anos 1930 *ver* Grande Depressão
"Desafinado" (Tom Jobim & Newton Mendonça), 80
Descartes, René, 96, 108, 173

desemprego, 49, 53, 66, 127-8
desenvolvimentismo, 130-2, 143, 179
desigualdades sociais, 145, 150, 152
desindustrialização, 133
desvalorização da política, 7, 153-5, 157
Deus, 96-7, 100
dinheiro, 31, 46, 124
Discurso do método (Descartes), 108
dívida externa, 41
dívida pública, 35, 44-5, 49, 56, 58, 144-5, 188-9
divisão do trabalho, 160, 192
Drucker, Peter, 192

E o cérebro criou o homem (Damásio), 83
Eclesiastes, 168-9
economia americana, 17-8, 27
economia brasileira, 41, 150
economia capitalista, 23, 35
economia chinesa, 38, 53
economia japonesa, 55
economia mundial, 39-40
economias de mercado, 24, 131
Eddington, Arthur, 70
educação, 16, 33-4, 59-60, 133, 147-8, 176-7, 181, 190-1, 196
Egito, 105
Einstein, Albert, 88, 91, 108
eletricidade, 16
Emerson, Ralph Waldo, 107
empreendedores, 31
empreendedorismo, 59
empregos, 34
empresários, 41, 133, 185, 190, 192
entitlements, 177, 185
entretenimento, 33, 35, 60, 134, 164, 167-8
Erro de Descartes, O (Damásio), 82

escassez, 13, 22-3, 33, 35-6
Escola de Frankfurt, 109, 174
escolástica, 108, 117
esfera privada, 162, 183
esfera pública, 155-6, 159, 162, 164, 167-8, 172
espaço público, 163-4, 167-70, 172
espírito público, 8, 141, 150-1
estabilização monetária, 141-2, 144-5, 189, 195
Estado, 8, 31-2, 35, 42-3, 57-9, 61, 129-31, 133-4, 136, 143-4, 147-8, 155, 175-85, 188-96
Estados Unidos, 14-5, 24-5, 34, 45, 48-9, 53, 58, 76, 82, 127, 185
estagnação, 18, 37-43, 45, 48, 54, 56-8, 60, 195
Estrangeiro, O (Camus), 95
ética capitalista, 149-50
Europa, 14-5, 24, 26, 45, 127, 129
evolucionismo, 87-8
exclusão social, 147, 150, 152-3
Executivo, Poder, 131, 136, 177
Exit, Voice and Loyalty (Hirschman), 196
expectativas racionais, 65-8, 93
experimentalismo, 86

Faoro, Raymundo, 178-80
faraós, 105
felicidade, 50, 163, 166
filosofia, 101, 109, 112, 114, 173
física newtoniana, 88
flexibilização quantitativa *ver* QE (*quantitative easing*)
Florida, Richard, 125
flutuações macroeconômicas, 23, 52
FMI (Fundo Monetário Internacional), 142

Fonseca, Eduardo Giannetti da, 65*n*
Fortes, Meyer, 106
forward guidance, 47
Fouchet, Max-Paul, 94
França, 25, 128-9
Frege, Gottlob, 70
Freud, Sigmund, 83, 104-5
Friedman, Milton, 45-6, 55
Fromm, Erich, 104, 109, 111
fronteira tecnológica, 15, 19, 22, 27, 49, 51, 59, 194
"frugalidade introspectiva", 172

Gage, Phineas, 82-3
Galbraith, John K., 45, 55
gastos públicos, 48, 55-7, 143, 175
Gene egoísta, O (Dawkins), 115
gênio artístico, 169-70
globalização, 30, 32, 34, 101, 132, 141, 144, 171, 173, 187
Gödel, Escher, Bach (Hofstadter), 71
Gödel, Kurt, 70, 73, 78
Gordon, Robert G., 16-7, 26, 54
Government versus Markets: The Changing Economic Role of the State (Tanzi), 183
gramática universal, 79
Grande Depressão, 18, 25, 32, 35, 44, 48-9, 53-4
gregos antigos, 106, 160
Gudin, Eugênio, 131

Haddad, Fernando, 124
Hall, Robert E., 42
Hausmann, Ricardo, 39
Heidegger, Martin, 98
heroísmo, 8, 94, 100-1, 103-4, 107, 115, 119, 122
High Line (Nova York), 124

Hilbert, David, 70
hipervalorização do trabalho, 152-3
hipótese de racionalidade, 67, 72
Hirschman, Albert O., 196
história da humanidade, 26, 32, 106
Hofstadter, Douglas, 71
Holt, Jim, 98
homeostase, 83, 86
hubris, 120-1
Hume, David, 97
Huxley, Julian, 99

Idade Moderna, 155, 164
idealismo marxista, 174
Iluminismo, 95, 107-8, 117
imortalidade, 161
Império Romano, 154
importações, 60, 129, 131, 143
inconsciente, 83, 86-7, 91-2, 116, 121
Índia, 40
individualidade, 86, 91, 103, 116, 158, 169, 173
industrialização, 22, 60, 125, 129-31, 136, 179
inflação, 27, 41, 46, 48, 56, 128, 130, 132, 144, 147, 195
informática, 16, 34, 60, 73-4, 135, 147, 187, 189, 193
infraestrutura, 43, 56, 125, 133, 190, 195
Inglaterra, 25
Instituto Fernando Henrique Cardoso, 65*n*
inteligência artificial, 75, 78, 81, 87, 91
inteligência humana, 78, 82
internet, 17, 34, 60-1, 129, 134, 171
investimentos, 15, 55-6, 58, 60, 124, 130, 143, 146, 155, 190, 193-4
"Is US Economic Growth Over?" (Gordon), 16

Itaim Bibi (São Paulo), 123, 126
Itália, 129

Japão, 15, 24, 40-1, 45, 49, 55
Jesus Cristo, 113
Jobim, Tom, 80
Johnson, S., 42
Jones, Charles I., 42
Jordânia, 190
jornalismo, 134, 166
Judiciário, Poder, 131, 178
Judt, Tony, 52, 61
juros, 45, 47-50, 54-8, 142, 145, 175

Kahneman, Daniel, 38, 72-3, 84
Kant, Immanuel, 97
Keynes, John Maynard, 46, 48, 50-1, 54-6
keynesianismo, 49, 54
keynesianos, 48, 51
Kierkegaard, Søren, 104, 111, 115
Krugman, Paul, 48, 56
Kubitschek, Juscelino, 130
Kuznets, Simon, 18-21, 29

Lago, Luiz Aranha Corrêa do, 65*n*
laissez-faire, 149
Legislativo, Poder, 131, 136, 177
Lei de Say, 57
Leibniz, Gottfried Wilhelm, 96-7
liberalismo, 131, 150, 180
limites físicos do planeta, 8, 33, 50-1, 68
linguagem, 70, 72, 80-1, 91
liquidez, 46, 48, 54-5, 142
livre mercado, 192
lógico-dedutiva, análise, 69-70, 73-4, 91
loteamento do Estado, 132-4

205

Macaco louco, O (Szent-Györgyi), 105
Maio de 1968, movimento de (França), 128-9
Malan, Pedro S., 44*n*
mão de obra, 34, 147
máquina a vapor, 16
Marx, Karl, 29, 32, 165
massas, 7-8, 83, 119, 129, 147, 152-4, 160, 166, 168, 172-3, 191
matemática, 70, 74-7, 79, 89, 190
McDermott, John, 39
meio ambiente, 59, 81, 92
memes, 115
memória, 41, 81, 86, 91
Memórias póstumas de Brás Cubas (Machado de Assis), 80
Mendonça, Newton, 80
mercado de trabalho, 30, 53, 66, 129-30
mercado interno, 131, 133
mercados, 18, 46, 48, 53, 55, 60, 66, 68, 132, 141, 148, 186, 192, 194, 196
mercados de capitais, 66
método científico, 69-70, 72-3, 114, 117
México, 190
mídia, 7, 34, 134, 159, 170, 182
Mind and Cosmos (Nagel), 82
miséria, 32
MIT (Massachusetts Institute of Technology), 46, 58, 76, 79
Mito de Sísifo, O (Camus), 95
modelo neoclássico de crescimento, 23-4, 26, 51
modernidade, 7-8, 95, 97, 99, 108, 114, 116, 130, 141, 152-4, 157, 163-4, 169-72, 174
Modigliani, Franco, 46
Moisés, 112

monetarismo, 46, 48, 55
motor a combustão, 16
mudanças climáticas, 65
mundo clássico, 7, 159, 163, 170
Muro de Berlim, queda do, 142
música, 19, 34
Mussolini, Benito, 129
Muth, John, 65

nacionalismo, 131, 136
Nagel, Thomas, 82
narcisismo, 110, 113-4, 121
National Bureau of Economic Research (NBER), 18
necessidades básicas, 22, 50, 135, 181, 193
Negação da morte, A (Becker), 101
neodesenvolvimentismo, 143-8
neokeynesianismo, 48
neoliberalismo, 174
Neumann, John von, 75
neurologia, 79, 91
New York Times, The, 56
Newman, Max, 74
Newton, Isaac, 88, 91, 96
Nobel, prêmio, 18, 56, 58, 72, 98, 105, 111, 148
Noivo neurótico, noiva nervosa (filme), 101
North, Douglass, 42
Nova York, 124
novos ricos, 31

"O que está vivo e o que está morto na democracia social" (Judt), 61
OCDE (Organização para a Cooperação e Desenvolvimento Econômico), 190
Oliveira, Antonio Carlos Barbosa de, 65*n*

organismos biológicos, 84, 87-8, 92
otimismo, 33, 52, 61, 68, 75, 81-2, 98, 114, 117, 188

Pai Goriot, O (Balzac), 28
países desenvolvidos, 14-5, 26, 33, 41-2, 50-1, 54, 56, 58, 127-8, 143
países em desenvolvimento, 14, 38, 42
países subdesenvolvidos, 131, 154, 166
Pascal, Blaise, 100
patrimonialismo, 31, 178-80, 188-9, 191-2, 195
pedágio urbano, 124
Pessoa, Samuel, 175, 177-9
PIB (Produto Interno Bruto), 17-22, 37, 56, 58, 175, 188-9, 194
Pickett, Kate, 33
Piketty, Thomas, 23-32, 36
Pisa (Programme for International Student Assessment), 190
planejamento central soviético, 131, 194
PMDB (Partido do Movimento Democrático Brasileiro), 133
poder público, 176
polícia, 176
política econômica, 8, 37, 39-41, 52, 59, 127, 132, 142
Política Externa (revista), 13n
política monetária, 44-5, 52, 55, 57
população mundial, 13-5, 17, 32, 182
populismo, 148
Por que o mundo existe? (Holt), 98-9
"Possibilidades econômicas para nossos netos, As" (Keynes), 50
poupança, 15, 26, 48, 58, 130, 193
Prebisch, Raúl, 53
previdência social, 59
Primavera Árabe, 127

Primeira Guerra Mundial, 24-5, 129
Primeiro Mundo, 41, 44, 59, 182
Princípios da natureza e da graça fundados na razão (Leibniz), 96
Pritchett, Lant, 37, 39, 42
produção de bens, 17, 20, 60
produtividade, 16, 20, 26-7, 34, 36, 54, 59-60, 146-7, 150, 160, 165-9, 186, 191, 195
Produto Interno Bruto *ver* PIB
profissionalismo, 165
progresso tecnológico, 15-6, 27, 36, 51, 91, 156-7, 160, 173
propriedade clássica, 172-3
propriedade imobiliária, 161-2, 164
prostituição/"indústria do sexo", 21
protecionismo, 60
psicanálise, 104, 121
psicologia, 101, 104, 107, 109, 112, 115, 121, 135
PT (Partido dos Trabalhadores), 132-3, 195
Pulitzer, prêmio, 72, 101

QE (*quantitative easing*), 45-8, 55, 57
qualidade de vida, 17, 20, 22, 30, 33, 35, 43, 125-6, 135-6, 137

raciocínio lógico, 69, 72-3, 75, 80, 89-90, 93
racionalidade, 8, 65, 67-8, 91, 144
Rank, Otto, 104-5
real (moeda), 141-2, 145
realidade, 66, 74, 80, 93, 95-7, 101-2, 105-7, 109, 111-7, 121-2, 129, 168-9
reality shows, 159
Reforma Protestante, 171-2
reformismo modernizador, 145-50

207

regime militar (1964-85), 41, 130-3, 180, 194
Rei Lear (Shakespeare), 104
Reich, Wilhelm, 104-5
Reinhart, Carmen, 58
Reino Unido, 21
renda nacional, 14, 19-21, 32, 57, 130, 134, 175-6, 179, 181, 184-5, 194
renda nominal, 45-6, 55
renda per capita, 13-5, 41, 49
rentiers, 31
res publica, 155
retorno do capital, 24, 27-31
"reversão para a média", 38
Revolução Industrial, 13, 16-7, 35, 49, 54
riqueza, 22-33, 36, 60, 141, 143, 152-4, 161-5, 169, 181, 192
Robinson, J., 42
Rodrigues, Nelson, 112
Rodrik, Dani, 39
Rogoff, Kenneth, 58
romanos antigos, 106, 155, 160
Roosevelt, Franklin D., 18
Russell, Bertrand, 70

Saez, Emmanuel, 24
Samuelson, Paul, 58
Sandage, Allan, 99
Sander, Emmanuel, 72
saneamento, 147-8, 190
São Paulo, 123, 126, 188
saúde, 33, 59, 105, 133, 135, 147-8, 176-7, 181, 190-1, 196
Schopenhauer, Arthur, 97, 109
Schwartzman, Simon, 175
Segunda Guerra Mundial, 14, 25, 129, 142
segurança privada, 176

seleção natural, 87-9
Self-Reliance (Emerson), 107
Sen, Amartya, 148, 150-1
Sennett, Richard, 125, 152, 155-6
seres humanos, 69, 73, 78-9, 83, 101
seres vivos, 69, 78, 80-1, 84, 102, 110
serviços, 18, 20-1, 33-4, 43, 66, 133, 148, 176-7, 179, 181, 184, 192
setor privado, 58, 130
setor público, 143-4
Shakespeare, William, 104
Sickness unto Death (Kierkegaard), 104, 111
Sidarta Gautama, 109
Silva, Luiz Inácio Lula da, 132
simbólico, sistema, 102, 114-7, 120-1
Simonsen, Henrique, 41, 76, 131
sindicalismo, 133
sindicatos, 30
sistema nervoso, 90
sobrevalorização cambial, 133
sociedade moderna, 24, 157, 164-6, 183, 189
sociologia, 107, 109
Solow-Swan, modelo de, 15, 23, 51
Sonhos de uma teoria final (Weinberg), 98
Spirit Level, The (Wilkinson & Pickett), 33
subdesenvolvimento, 7, 41, 131, 150, 195
Summers, Larry, 37, 42, 53-5, 57-8
superstição, 70, 96, 106-7, 169
Surfaces and Essences (Hofstadter & Sander), 72
SUS (Sistema Único de Saúde), 176
Szent-Györgyi, Albert, 94, 105

Tâmisa, rio, 124
Tanzi, Vito, 183, 189

taxas de juros *ver* juros
tecnologia, 15-6, 20, 33-5, 59-60, 91, 141, 173, 187
Teorema da Incompletude de Gödel, 70
teoria da relatividade, 88
teoria de tudo, 98, 103
teoria econômica, 65, 67, 72, 158, 192
Teoria Quantitativa da Moeda, 57
Terra, 14, 101, 158, 171, 173
Tesouro americano, 142
"tigres asiáticos", 40
trabalhadores, 34, 82, 157, 164-6, 168
Transcultural Psychiatry (Fortes), 106
transporte público, 190
transportes, 34, 125, 136, 142, 173
Tunísia, 190
Turing, Alan, 73-5, 78, 91
Tversky, Amós, 72-3

União Soviética, 131, 142
Universidade Columbia, 55
Universidade da Califórnia em Berkeley, 24, 58
Universidade de Chicago, 66
Universidade de Nova York, 82
Universidade de Oxford, 7, 24
Universidade Harvard, 37, 53, 74
Universidade Northwestern, 54
urbanização, 34

Valiant, Leslie, 74-5, 87, 88-9, 91
Valor Econômico, 37n, 52n, 123n, 127n, 175
Vargas, Getúlio, 129
Velho Testamento, 113
vida privada, 155, 170
vida pública, 7-8, 37, 129, 148, 151-7, 161-2, 167, 170, 183, 189, 193
virtus, 160

Wallis, John, 42
Weber, Max, 149, 171-2, 174
Weinberg, Steven, 98, 108
Weingast, Barry, 42
When Facts Change (Judt), 52
"Why Philosophers Should Care about Computational Complexity" (Aaronson), 76
Wilkinson, Richard, 33
Wingast, Barry R., 42
Wittgenstein, Ludwig, 70-1, 73, 98
Woodford, Michael, 47, 55
World Economic Forum, 190

zeugma, 80

1ª EDIÇÃO [2015] 1 reimpressão

ESTA OBRA FOI COMPOSTA EM MINION PELO ACQUA ESTÚDIO E IMPRESSA PELA GEOGRÁFICA EM OFSETE SOBRE PAPEL PÓLEN SOFT DA SUZANO PAPEL E CELULOSE PARA A EDITORA SCHWARCZ EM MARÇO DE 2016